FRANCKE

Marion Birkigt

Auch ein Pastor braucht mal Urlaub

Heitere Erlebnisse um ein Ferienhaus an der Schlei

FRANCKE
Verlag der Francke-Buchhandlung GmbH

Die Deutsche Bibliothek - CIP-Einheitsaufnahme

Birkigt, Marion:
Auch ein Pastor braucht mal Urlaub : heitere Erlebnisse um ein Ferienhaus an der Schlei / Marion Birkigt. - Marburg an der Lahn : Francke, 2000
ISBN 3-86122-457-7

35037 Marburg an der Lahn
Umschlaggestaltung: Reproservice Jung, Wetzlar
Foto: Marion Birkigt
Satz: Verlag der Francke-Buchhandlung GmbH
Druck: Schönbach-Druck, Erzhausen

Inhaltsverzeichnis

Ein Hammel mit fünf Beinen

„Und was machst du jetzt mit dem vielen Geld, Mama? Bekommen das alles die Armen?“, fragt Mäxchen neugierig und mit großen Augen.

Das „viele Geld“ verdanke ich meiner Tante Else aus Berlin, die vor vierzehn Tagen im gesegneten Alter von dreiundneunzig Jahren gestorben – oder wie Jonathan es formulieren würde: heimgegangen – ist.

Jonathan ist Pastor einer Hamburger Kirchengemeinde und mein Ehemann. Er war immer sehr nett zu Tante Else, wenn wir sie besuchten, obwohl sie recht kratzbürstig sein konnte. Im Grunde fand sie Jonathan sympathisch, nur sein Beruf war ihr suspekt, denn die Existenz eines liebevollen Gottes bezweifelte sie stark. Es war Jonathan nie gelungen, sie zu überzeugen, geschweige denn, sie zum Glauben zu bekehren. Mir aber, ihrer Großnichte, war sie trotz der Wahl meines Ehegatten und der manchmal recht heftigen Dispute mit ihm sehr zugetan.

Und nun bin ich ihre Alleinerbin.

„Quatsch!“, antwortet Mäxchens Schwester Susanna statt meiner. „Natürlich spendet Mama was von dem Geld, aber doch nicht alles!“ Sie zeigt ihrem kleinen Bruder demonstrativ einen Vogel. „Außerdem hat Tante Else in ihrem Testament festgelegt, dass Mama nicht mehr als höchstens zehn Prozent der Kirche oder wohltätigen Organisationen geben darf und den Rest behalten soll. Aber wir kriegen doch auch was, nicht wahr, Mutsch? Also, ich hätte gern …“

An dieser Stelle unterbricht Jonathan seine Älteste. „Das Geld gehört ganz allein Mama, und sie kann damit machen, was sie will! Also, Marie“, wendet er sich an mich, „was hast du dir denn so gedacht?“

Ja, was habe ich mir gedacht? „Der zehnte Teil ist natürlich für Gott, den bekommt eine christliche Hilfsorganisation“, beginne ich.

Meine Lieben nicken. Das ist klar, das hat auch schon Mäxchen mit seinen vier Jahren verstanden: Jeden Sonntag wandert ein Groschen seiner wöchentlichen einen Mark Taschengeld in den Klingelbeutel der Gemeinde oder in die Spardose, die in der Sonntagsschule herumgereicht wird.

„Und der Rest ...“ Jetzt zögere ich, denn „der Rest“ ist für meine Verhältnisse immer noch unheimlich viel Geld, das ich eigentlich gar nicht ausgeben mag. Wenn ich an all das Elend in der Welt denke – Straßenkinder in Brasilien oder die katastrophalen Verhältnisse in rumänischen Waisenhäusern, zum Beispiel – dann würde ich mich am liebsten über Tante Elses letzten Willen hinwegsetzen und doch das ganze Geld wohltätigen Zwecken zur Verfügung stellen. Aber das geht natürlich nicht. „Vielleicht sollten wir die Summe für die Ausbildung der Kinder anlegen.“ Allerdings hat uns Tante Else testamentarisch auch jegliche Aktienkäufe untersagt, die schienen ihr ebenfalls suspekt.

Jonathan runzelt unwillig die Stirn. „Das ist sicher nicht das, was deine Tante gewollt hätte. Außerdem kann ich für die Ausbildung unserer beiden auch mit meinem Pastorengehalt aufkommen. Also: Was möchtest du mit dem Geld machen?“, wiederholt er seine Frage.

Drei Augenpaare sind gespannt auf mich gerichtet.

Ich schlucke. Vor fünfzehn Jahren hätte ich geantwortet: ein Haus bauen! Aber die Zeiten sind vorbei, als Jonathan und ich in ungemütlichen Studentenbuden gehaust haben. Jetzt wohnen wir mit den Kindern in einem 120-Quadratmeter-Haus im Grünen, das der Kirchengemeinde gehört und für das wir eine ausgesprochen günstige Miete zahlen. Es besteht daher keinerlei Notwendigkeit für den Bau eines eigenen Hauses.

„Vielleicht eine schöne Reise machen?“, antworte ich zögernd und denke dabei an den Grand Canyon, die Karibik oder Neuseeland, denn manchmal packt mich das Fernweh.

„Au ja!“, juchzt Max. „Nach Disneyland!“

Auch Jonathan nickt, und sein Blick verklärt sich. „Ja, eine Reise so wie diesen Sommer... Wisst ihr noch?“

Natürlich erinnern wir uns: Schließlich ist es erst fünf Wochen her, dass wir unseren Urlaub in Dänemark, auf Seeland, verbracht haben. Unser dänisches Ferienhaus lag unter Bäumen versteckt am Waldrand und von der Terrasse konnte man auf den Isefjord sehen. Die Kinder hielten sich fast den ganzen Tag am Ufersaum auf, um Muscheln und Steine zu sammeln, Krebse zu fangen oder Quallen aus dem Wasser zu fischen, Jonathan gab sich seiner Lieblingsbeschäftigung hin, dem Surfen, und ich hatte meine Ruhe. War das Mittagessen fertig, wedelte ich mit einem großen roten Badelaken in Richtung Fjord, begleitet von mehreren „huhu!“, die die Kinder an den heimischen Herd riefen. Hatte Jonathan meine „Flagge“ gesichtet, kam auch er mit leichter Verspätung an den Mittagstisch. Es war ein herrlicher, harmonischer, erholsamer Urlaub.

Das aber hatte ich nicht gemeint mit „einer schönen Reise". Seit die Kinder da sind, haben wir jedes Jahr Ferien in Dänemark gemacht: mal auf Jütland, mal auf einer der Inseln.

„Ich hatte mehr an ein Fernziel gedacht."

„Aber nicht mit dem Flugzeug!", protestiert Jonathan. „Du weißt doch, dass fliegen für mich nicht in Frage kommt."

Mein Mann bekommt im Flugzeug Platzangst und Atemnot, auch Fahrstühle benutzt er nicht, da hat er das gleiche Problem, selbst beten hilft nichts.

„Du willst doch sicher nicht ohne mich durch die Welt reisen, oder?", sagt Jonathan. Ich schüttele den Kopf: Nein, natürlich nicht.

„Du kannst uns ja mitnehmen, Mama!" Mäxchen sieht mich hoffnungsvoll an. Suse schneidet eine Grimasse. „Mit dir zehn Stunden im Flugzeug, Brüderchen, und wir sind reif für die Klapsmühle!"

„Na, na, bleibt friedlich", baut Jonathan eventuellen Handgreiflichkeiten seiner Sprösslinge vor und kommt dann wieder auf das Thema „Reisen" zurück. „Es muss ja nicht Dänemark sein", räumt er ein. „Es gibt auch woanders schöne Ecken, wo man sich erholen und Wassersport treiben kann."

„Sag mal, worauf willst du eigentlich hinaus?", frage ich misstrauisch, denn irgendwas ist da im Busch, das spüre ich ganz deutlich. Jonathan lehnt sich zurück und streckt die langen Beine von sich. Max, der das Interesse an dem Gespräch allmählich verliert, beginnt, mit seinen Spielzeugautos auf dem Fußboden herumzufahren, dabei umkurvt er geschickt die Beine seines Vaters.

„Also“, sagt Jonathan und lächelt mich an, „ich finde, wir sollten Tante Elses Ersparnisse in ein Ferienhaus an einem See investieren, wo man baden, paddeln, segeln und surfen kann. Dann brauchen wir auch nicht mehr nach Dänemark zu fahren. Wäre das nicht schön? Und eine Immobilie ist doch auch eine gute Geldanlage, findest du nicht? Wenn wir in zehn oder zwanzig Jahren andere Pläne haben, könnten wir das Häuschen wieder verkaufen. Und einen Großteil des Erlöses den Armen geben, wenn du willst. Denn dann hätten wir das Geld in Tante Elses Sinn genutzt und könnten trotzdem noch etwas Gutes damit tun. Das wäre doch eine weise Entscheidung, oder?“

„Kann ich dann ein Pferd haben, Mama?“, mischt sich Suse ein. „Wenn wir ein Ferienhaus kaufen mit einem großen Grundstück, dann geht das doch! Britta hat auch ein eigenes Pferd, das beim Bauern steht, wenn sie nicht da ist.“

Britta, deren Eltern geschieden sind, ist Suses zweitbeste Freundin. Der Lebensgefährte ihrer Mutter besitzt ein Wochenendhaus in der Heide, zu dem sie jeden Freitagabend aufbrechen. Ein paar Mal ist Suse mitgefahren, kennt also die dortigen Verhältnisse.

„Moment“, dämpft Jonathan alle Erwartungen in dieser Richtung. „Damit wir uns richtig verstehen, liebe Tochter: Ich habe nicht von einem Wochenendhaus gesprochen. Das wäre ein Unding für einen Pastor, der am Sonntag in seiner Gemeinde zu predigen hat. Die Rede war von einem Ferienhaus, das ist etwas ganz anderes.“

Suse schiebt enttäuscht die Unterlippe vor. „Also kein Pferd?"

„Es gäbe auf dem Land bestimmt die Möglichkeit zu reiten", sage ich schnell, bevor bei unserer Tochter die Tränen fließen oder sie sich türenknallend zurückzieht. Zwölf ist ein schwieriges Alter, besonders bei Mädchen, scheint mir.

„Wir können ja mal zusammentragen, was jedem Familienmitglied bei einem Häuschen so vorschwebt", spinnt Jonathan seine Idee weiter, wobei er stillschweigend mein Einverständnis zum Kauf eines Feriendomizils voraussetzt.

„Ich habe nicht gesagt, dass ich ein Ferienhaus möchte", stelle ich klar.

Jonathan sieht mich erstaunt an. „Du möchtest keins?"

„Das habe ich auch nicht gesagt."

Suse stöhnt auf und verdreht theatralisch die Augen. „Könnt ihr euch vielleicht mal entscheiden?!" Sie greift demonstrativ zu ihrem Pferdebuch, dessen Lektüre sie nur für unseren Familienrat unterbrochen hat.

„Ich gebe zu, dass dein Vorschlag, das Geld zwischenzeitlich für einen Hauskauf zu verwenden, viel für sich hat. Dennoch, ich weiß nicht so recht. Wir haben hier schließlich schon ein schönes Haus. Und dann zwei-, dreimal im Jahr irgendwo hinzufahren, in andere vier Wände, die die übrige Zeit leerstehen..."

„Das müssen sie ja nicht, wir können ja auch andere Menschen daran teilhaben lassen. Dann tun wir noch ein gutes Werk, wenn wir zum Beispiel Gemeindemitglieder, die sich sonst keinen Urlaub leisten können, dort wohnen lassen."

Das leuchtet mir ein, und allmählich beginne ich, mich für Jonathans Idee zu erwärmen. „Die Anreise darf aber nicht zu weit sein." Damit entfallen alle Objekte in der Toscana, Spanien oder Griechenland. Außerdem sind meine Kinder blond wie ich und recht sonnenempfindlich, das Haus sollte also in nördlichen Gefilden liegen, da verbrennt man im Sommer nicht so leicht. In Schweden gibt es aber zu viele Mücken, in Dänemark kann man als Ausländer kein eigenes Haus erwerben und in Norwegen ist Jonathan als Leiter der alljährlichen Jugendfreizeiten mehrmals eingeregnet – „Was spricht eigentlich gegen Norddeutschland?"

Nichts, wenn man nicht in den Bergen wandern will, und das haben wir nicht vor. Uns, vor allem Jonathan, zieht es ans Wasser. Also Schleswig-Holstein. Das vereinfacht die Suche, denn so können wir bequem alle Angebote von Hamburg aus besichtigen, samstags, vorausgesetzt, die Predigt für Sonntag ist bereits fertig.

„Dann wollen wir mal festlegen, welche Bedingungen jedes Familienmitglied an das zu erwerbende Objekt stellt", sagt mein systematischer Mann. „Wasser ist klar, was brauchen wir sonst noch?"

Mäxchen ist mit seinen vier Jahren eigentlich noch zu klein, um konkrete Wünsche zu äußern. Immerhin sagt er nach einigem Überlegen: „Ich will da Ball spielen!"

„Gut. Das Grundstück muss groß genug sein, um darauf Ball spielen zu können", stimme ich zu. Das kommt meinen Vorstellungen sehr entgegen, denn ich halte nichts von Grundstücken in Handtuchformat und Nachbarn, die gewissermaßen hautnah am Familienleben teilnehmen. Es ist manchmal schon zu Hause schwierig genug, seine Intimsphäre zu wahren, weil einige Gemeindemitglieder anscheinend glauben, der Pastor und seine Frau müssten jederzeit ein offenes Ohr und Haus für sie haben und sie könnten unangemeldet vor der Tür stehen.

Suse wünscht sich außer dem Pferd beim Bauern „richtigen Strand und ein eigenes Zimmer". „Richtigen Strand" können wir nicht hundertprozentig versprechen, denn der ist rar in Norddeutschland, aber unserer Tochter ein eigenes Reich zusichern, das ihr die ständige Anwesenheit ihres kleinen Bruders erspart, das können wir. Immerhin ist sie siebeneinhalb Jahre älter als er.

Ich möchte aufs Wasser gucken, das hat so was Beruhigendes, Friedvolles, und Jonathan will einen Surfsee ohne Imbissbuden und Campingplätze. Und dann ist da natürlich noch die finanzielle Obergrenze, die durch die Erbschaft vorgegeben ist.

„Schön", sagt mein Mann befriedigt. „Dann wissen wir ja jetzt, wonach wir suchen müssen."

Mäxchen unterbricht sein „Brumm, Brumm" zu unseren Füßen und sieht zu uns hoch. „Du musst aber noch mit Jesus sprechen, Papa", meint er in leicht vorwurfsvollem Ton.

Jonathan lächelt und fährt seinem Jüngsten übers Haar. „Recht hast du, mein Sohn. Es ist ganz wichtig, was Jesus zu unseren Plänen sagt. Also werden wir beten, dass Gott uns die Weisheit schenkt, das Richtige zu tun."

„Und woher willst du wissen, was das Richtige ist?

Ob wir ein Ferienhaus kaufen sollen oder nicht, steht bestimmt nicht in der Bibel", äußert unsere aufmüpfige Tochter.

„Nein, aber seit Tante Else heimgegangen ist, stoße ich ständig auf Bibelstellen, die mit Hausbau zu tun haben. Das sehe ich schon als Fingerzeig. Und falls ich mich wirklich irre, ist es in diesem Fall ganz einfach, das festzustellen: Wir haben ja genaue Vorstellungen, was das Ferienhaus betrifft: großes Grundstück, Wasserblick, mindestens vier Zimmer, keine weiten Wege zur Badebucht, Surfmöglichkeit, drumherum Natur mit Landwirtschaft, sprich: Bauer mit Pferden, kein Trubel in der Nähe und bezahlbar. Wenn Gott möchte, dass wir etwas anderes mit Tante Elses Geld anfangen, dann wird er uns kein solches Haus finden lassen."

Damit gibt sich auch Suse zufrieden. „Soll ich mal die Immobilien-Anzeigen aus dem ‚Abendblatt' holen?", bietet sie an und legt ihr Pferdebuch aufs Sofa. „Wo sind die denn, Mama?"

„Beim Altpapier unten im Küchenschrank", antwortete ich. Doch Suse kommt ohne die Zeitungsseiten zurück ins Wohnzimmer.

„Da war nichts. Nur die Stellenanzeigen, die Wohnungsangebote in Hamburg und die ganz normalen Artikel."

„Hast du auch richtig nachgesehen? Es muss die Seite ‚Freizeitobjekte' sein, entweder aus der Samstag- oder der Mittwochausgabe."

„Ich hab doch keine Kartoffeln auf den Augen!", empört sich Suse, was ihr ein mahnendes „Susanna!" ihres Vaters einträgt.

„Kartoffeln, natürlich!“ Jetzt ist mir alles klar. „Wenn der Immobilienteil nicht beim Altpapier ist, dann habe ich die Kartoffelschalen darin eingewickelt.“

„Da kann ich ja lange suchen.“ Suse wirft mir einen nicht gerade freundlichen Blick zu.

„Dann warten wir eben bis übermorgen, da ist wieder Sonnabend, und studieren die brandaktuellen Angebote“, sagt Jonathan. „Wenn ich meinen freien Montag gegen den Samstag tausche, können wir problemlos jeden Samstag los.“

Das erste vielversprechende Angebot, das wir uns ansehen, liegt am Selenter See: „robustes Ferienhaus in exzellenter Lage, Wasserblick“. Das robuste Ferienhaus entpuppt sich als hässlicher Backsteinklotz an einer Asphaltstraße, links, rechts und dahinter Klötze ähnlicher Bauweise. Die exzellente Lage bleibt uns ein Rätsel. Der See liegt in Briefmarkengröße kurz vor dem Horizont. Wir verabschieden uns schnell und trösten uns bei Kaffee, Cola und Kakao im „Pülsener Strandcafé“ über unseren ersten Misserfolg hinweg.

Am nächsten Samstag fahren wir zum Brahmsee. Ich habe mich, vorsichtig geworden, beim Besitzer des dort zum Verkauf angebotenen Grundstückes extra erkundigt, wie weit es bis zum See sei.

„Zirka hundert Meter“, lautete die Auskunft.

Das stimmt. Luftlinie. Leider sind alle Wassergrundstücke mit Villen bebaut, ein Zugang für die Allgemeinheit gibt es nicht. Nach viertelstündigem Fußmarsch erreichen wir eine schmale Feuerwehrzufahrt zum See, die an einem Bootssteg endet. An beiden Seiten eingezäunte Privatgrundstücke. Jonathans nach unten gestreckter Daumen sagt alles.

Die Blockhütte am Wittensee, die wir uns am darauffolgenden Samstag ansehen, hat Schrebergartencharakter. Nichts gegen Schrebergärten, aber „Heino" von links und „Peter Alexander" von rechts, das muss nicht sein. Zudem ist die „eigene Badestelle" ein rund sechzig Zentimeter breiter Trampelpfad zwischen Brennnesselgebüsch. Nein, danke!

Immerhin lernen wir eine ganze Menge. Wir kennen uns schon gut aus in Schleswig-Holstein und können mittlerweile auch zwischen den Zeilen der Inserate lesen: „Idyllische Dorfrandlage" bei günstigem Preis bedeutet entweder direkt neben dem Misthaufen des Nachbargehöfts, mit Blick auf ein Getreidesilo oder gegenüber des Dorfgasthofes, mit „ca." angegebene Entfernungen sind nur grobe Schätzwerte und weichen meist erheblich von der Realität ab, und „Wasserblick" heißt lediglich, dass sich irgendwo im Umkreis ein Gewässer befindet, das man erahnen kann: hinter mannshohen Hecken, zwischen stark belaubten Bäumen hindurch oder neben dem Schuppen des Nachbarhauses, wenn man den Hals verrenkt.

Außerdem wissen wir inzwischen genau, wo wir uns am liebsten ansiedeln würden: an der Schlei, einem Fjordarm, der sich von der Ostsee her bis Schleswig ins Land hineinwindet, ein ideales Surfrevier darstellt und von sanft gewellten Wiesen und Feldern umgeben ist. Leider werden hier nur selten Häuser angeboten und die sind entweder auch nicht das Gelbe vom Ei oder schlichtweg zu teuer.

Nach sechs Wochen streikt Susanna. „Ich komm nicht mehr mit", erklärt sie kategorisch. „Mir wird schlecht bei der ewigen Fahrerei."

„Vielleicht solltest du nicht ständig lesen, sondern dir lieber mal die Landschaft ansehen?“, schlägt ihr Vater vor. Suse überhört den Einwurf. „Außerdem nervt Max!“

„Tu ich nich’!“, protestiert Max und streckt seiner Schwester die Zunge raus. „Blöde Ziege!“

„Da hört ihr’s“, beklagt sich Suse. „Ich hab’s satt. Ich bleib zu Hause. Dieses Rumgegurke, das ist doch der totale Stress! Und finden tun wir sowieso nichts, ich sag’s euch. Was ihr sucht, ist ein fünfbeiniger Hammel – und den gibt’s nicht!“

Allmählich glaube ich das auch. Vielleicht haben wir uns da tatsächlich in etwas verrannt? Doch Jonathan gibt sich nicht so schnell geschlagen. „Wir sind doch davon ausgegangen, dass Gott uns zeigen wird, ob er mit unseren Plänen einverstanden ist. Also gut: Ich setze uns eine Frist von noch einmal sechs Wochen, und wir beschränken uns auf die Schlei. Da gibt es nicht so viele Angebote, also reduziert das auch die Fahrerei. Und wenn wir nach dieser Frist noch immer nicht unser Traumhäuschen gefunden haben, dann akzeptieren wir das als Gottes Entscheidung und denken noch einmal gründlich über Tantes Erbe nach. Einverstanden?“ Ich nicke, Mäxchen nickt zur Gesellschaft mit, und auch Suse gibt mit einem mürrischen „okay“ ihre Zustimmung, lehnt es aber nach wie vor ab, uns weiterhin zu begleiten.

Am kommenden Sonnabend ist tatsächlich nur eine vielversprechende Annonce in der Zeitung.

„Irgendwie kommt mir der Wortlaut bekannt vor“, meint Jonathan und blättert in seinen Unterlagen, die inzwischen einen halben Aktenordner füllen. Denn im

Gegensatz zu mir ist mein Mann nicht nur äußerst zielstrebig, sondern auch sehr ordentlich.

Er wird schnell fündig: Das Haus wurde schon einmal in der ersten Woche unserer Suche angeboten. Wir hatten damals zwar die Unterlagen angefordert, es uns aber nicht angesehen, weil es nicht in Frage zu kommen schien. Es hatte nur ein Kinderzimmer. Doch vielleicht lässt sich daran etwas ändern? Jonathan prüft stirnrunzelnd den Grundriss. „Man könnte hier statt der Küche ... ja, das müsste gehen", murmelt er vor sich. Kurz entschlossen greift er zum Hörer, um sich mit dem Makler zu verabreden. Doch der kann – leider, leider! – am Sonnabend überhaupt nicht und legt alle Besichtigungstermine halbstündlich auf den Sonntag.

„Tja, und Sonntagvormittag können wir nicht", bedauert Jonathan. Er erklärt, dass er Pastor sei und frühestens um vierzehn Uhr an der Schlei sein könne, wenn wir gleich nach dem Gottesdienst losführen und das Mittagessen ausfallen ließen. Ich mache wilde Zeichen.

„Moment, bitte", sagt mein Mann und legt die Hand über die Sprechmuschel.

„Morgen kommen Annie und Reinhard zum Kaffee", erinnere ich ihn. „Das können wir nicht noch mal verschieben!"

Annie und Reinhard sind unsere Trauzeugen, die einzigen Freunde aus unseren Jugendtagen, zu denen wir noch Kontakt haben. Ein-, zweimal im Jahr besuchen sie uns. Nur ist bei den Einladungen manchmal „der Wurm drin", wie Suse sagen würde. Das erste Mal mussten wir absagen, weil unsere Tochter urplötzlich an Windpocken erkrankte, das zweite Mal, weil Jonathan seine Predigt nicht rechtzeitig fertig bekommen hatte und den ganzen Sonnabend im Arbeitszimmer zubringen musste. Morgen wäre die dritte Absage, und ich fürchte, dass die beiden uns das dann doch übel nehmen würden.

„Im Grunde können wir morgen überhaupt nicht", informiert Jonathan den Makler. „Wir sind aber wirklich sehr interessiert an dem Objekt."

Schließlich einigen sich die beiden Männer darauf, dass wir uns Haus und Grundstück schon heute, am Sonnabend, ansehen dürfen – allerdings ohne den Makler und natürlich ohne Schlüssel. Jonathan notiert die Adresse und legt auf.

„Dann sehen wir uns erstmal so um: die allgemeine Lage und so weiter", meint er. Mich interessiert besonders das „und so weiter", denn angeblich hat das Haus „unverbaubaren Schleiblick".

Mäxchen nehmen wir mit, denn unser Sohn fährt gern Auto. Außerdem könnten wir ihn kaum in Susannas Obhut zurücklassen, das gäbe Mord und Totschlag.

Nach einer guten Stunde Fahrt nähern wir uns Schleswig.

„Jetzt bist du eine Ausfahrt zu früh von der Autobahn runter!", stelle ich sachlich fest. Aber Jonathan schüttelt den Kopf.

„Ich dachte mir, wir fahren am Südufer lang und setzen bei Missunde mit der Fähre über. Bis Wunneby ist es dann nicht mehr weit." Genüsslich lässt er das Wort auf der Zunge zergehen: Wunneby – das klingt doch schon wie „wunderbar"!

„Freu dich nicht zu früh“, warne ich. „Schon manches Inserat klang äußerst verheißungsvoll und dann war es doch nichts!“

Wir kommen an einer Weide mit Jungbullen vorbei, die Max unbedingt näher in Augenschein nehmen muss, genießen die spätsommerliche Landschaft, die an uns vorbeirollt, und lassen uns von der kleinen Schleifähre bei Missunde ans andere Ufer bringen.

Jonathan findet, dass sich unsere Fahrt allein schon wegen der vielfältigen Ausblicke gelohnt hat.

Wir sehen rechter Hand die kleine Wunnebyer Dorfkirche liegen, deren hölzerner Glockenturm nicht höher ist als das gemauerte Kirchenschiff, und biegen nach links ab, Richtung Strand. Ein Sandweg, für Durchfahrtsverkehr gesperrt, führt in die Feriensiedlung mit dunklen Nurdachhäusern, die versetzt auf großzügig geschnittenen Grundstücken stehen.

„Guckt mal, lauter Zipfelhäuser!“, äußert Mäxchen angesichts dieser wohltuenden Architektur.

Der Sandweg macht einen Bogen, dahinter erstreckt sich eine Wiese mit Stute und Fohlen, hinter dieser liegt blassblau die Schlei mit ihrer „Großen Breite“, der größten Ausbuchtung in ihrem gesamten Verlauf.

„Große Breite“ ist auch die Adresse des Häuschens, das wir suchen und nun gefunden haben: direkt vor der Pferdewiese mit Blick auf die Schlei bis hin zum Schleswiger Dom.

Jonathan und ich sehen uns an, wir denken beide dasselbe. Aber manchmal steckt der Teufel im Detail, vielleicht hat die Sache doch noch einen Haken.

Mit klopfendem Herzen betreten wir den Pfad, der zwischen Büschen hindurch am Haus entlang zum rückwärtigen Grundstück führt. Vor uns erstreckt sich ein urwüchsiger Garten, der stellenweise zugewachsen ist und fast die Größe eines Fußballplatzes hat.

Da liegen wir uns auch schon in den Armen.

„Das ist es“, stammle ich, obwohl ich das Haus von innen nicht gesehen habe.

„Klar ist es das!“, bestätigt Jonathan, als ob er es die ganze Zeit gewusst hätte.

Mäxchen tritt unruhig von einem Bein aufs andere.

„Ich muss mal was drücken!“, verkündet er, was gleichbedeutend ist mit einem „großen Geschäft“. Jonathan wirft den Kopf in den Nacken und lacht schallend.

„Komm, mein Sohn“, sagt er und führt Mäxchen zum Gebüsch der Randbepflanzung. „Dann mach mal hier deine Grenzmarkierung: Das ist jetzt unser Revier!“

Max guckt verständnislos, hockt sich aber gehorsam hin.

Bester Laune geht es zurück nach Hamburg.

„Na, wie war's?“, fragt Susanna mehr der Form halber ohne von ihrem Buch aufzusehen.

„Och, ganz schön“, sagt Jonathan langsam. „Zuerst haben wir niedliche Bullen gesehen, nicht wahr, Max?“

Max nickt.

„Dann eine Stute mit Fohlen“, ergänze ich.

„Ja?“ Jetzt ist Suses Interesse geweckt.

„Und dann“, bemerkt Jonathan ganz beiläufig, „einen Hammel mit fünf Beinen.“

Suse schaut ungläubig. Dann begreift sie. „Ehrlich?!“ Und auf unser bestätigendes Kopfnicken: „Wahnsinn! Los, erzählt!“

Die Katze im Sack

„Am schwierigsten war es, den Makler davon zu überzeugen, dass wir das Haus tatsächlich kaufen würden, ohne es von innen gesehen zu haben“, berichtet Jonathan Reinhard und Annie und greift zur Kaffeekanne. „Natürlich haben wir ihn gleich nach unserer Rückkehr angerufen und ihm gesagt, er könne sich die Mühe sparen, es noch anderen Leuten zu zeigen. Elf weiteren Interessenten musste er absagen!“

„Ihr wollt also wirklich die Katze im Sack kaufen?“ Reinhard runzelt mit zusammengekniffenen Augen ungläubig die Stirn.

„Siehst du!“, lacht Jonathan. „So ein Gesicht hat der Makler vermutlich auch gemacht. Aber was heißt hier Katze im Sack? Wir haben doch einen Grundriss und die Baubeschreibung. Innen ist alles mit Holz verschalt – Wände und Decken –, was soll es da für Probleme geben?“

„Na, ich weiß nicht“, mischt sich Annie ein. „Ich wäre da nicht so sicher!“

„Wir sind es aber“, betont Jonathan und lächelt mich an.

Nun meldet sich Mäxchen zu Wort: „Das Haus hat uns doch Jesus gezeigt, Onkel Reini! So war das doch, nicht, Papa?!“ Zustimmung heischend sieht Max zu seinem Vater auf.

„Ja, das könnte man so sagen. Wir haben natürlich gebetet, ehe wir uns entschieden haben: Zuerst, was wir mit dem ganzen Geld machen sollen, das Marie geerbt hat, und dann für die richtige Wahl. Gott hat uns sozusagen direkt nach Wunneby geführt."

„Dein Gottvertrauen in allen Ehren, mein Lieber, aber denkst du wirklich, dass dein Chef da oben sich mit so was befasst?" Reinhard macht ein ausgesprochen skeptisches Gesicht.

„Aber natürlich", antworte ich an Jonathans Stelle. „Unser Gottesbild ist nicht das einer fernen, anonymen Macht, die sich nicht um uns kümmert. Auf einen solchen Gott könnte man getrost verzichten. Du kennst unsere Ansicht zu diesem Thema."

„Ja, ja, ich weiß: Kein Haar soll von eurem Haupt fallen, wenn Gott es nicht will – oder so ähnlich. Aber ich halte das für recht naiv." Reinhard fährt sich – bewusst oder unbewusst – mit der Hand über seinen nicht allzu üppigen Haarschopf. „Ich leugne ja gar nicht, dass Gott existiert, und ich glaube auch an ein Eingreifen von oben – in Notsituationen, zum Beispiel. Aber was das tägliche Leben betrifft, da unterscheiden sich unsere Auffassungen schon gewaltig."

„Müsst ihr wieder eine eurer theologischen Diskussionen führen?", beklagt sich Annie. „Zeig mir lieber mal den Grundriss, Jonathan." Annie hat vier Semester Architektur studiert, bevor sie geheiratet hat, und hält sich für eine Expertin auf dem Gebiet.

Jonathan schiebt die Unterlagen zu ihr hinüber.

„Hier ist der Eingang, dort das Duschbad", erläutert er und tippt auf ein kleines Rechteck im Plan. „Der Flur hat Einbauschränke – das ist doch praktisch –, und dann ist man schon im Wohn-Ess-Zimmer. Auf der anderen Seite geht vom Wohnzimmer aus eine Holztreppe nach oben, hier. Dahinter liegt im Moment noch die Küche. Im ersten Stock sind zwei Schlafräume, links und rechts der Treppe. Alles gradlinig, zweckmäßig und gut durchdacht!"

„Und ich krieg wirklich ein eigenes Zimmer?", vergewissert sich Suse noch einmal bei ihrem Vater, denn der fehlende dritte Schlafraum ist der einzige Schwachpunkt, den es tatsächlich gibt.

Jonathan nickt. „Natürlich, mein Schatz. Versprochen ist versprochen! Aus der Küche machen wir ein zweites Kinderzimmer für Max. Ich erkundige mich am Wochenende schon mal nach guten Handwerkern, und wenn in drei Wochen die Herbstferien anfangen, geht's los: Die Küchenmöbel kommen raus, Marie kriegt ihre Kochecke im Wohn-Ess-Zimmer unter der Dachschräge – seht ihr, hier gegenüber der Treppe –, und schon hat Max ein Zimmer für sich und du oben dein eigenes Reich, Suse."

„Ihr könnt euch einen solchen Umbau ja leisten", äußert Reinhard ein wenig säuerlich. „Bei der Erbschaft, die Marie gemacht hat!"

Damit werden wir wohl jetzt leben müssen, dass man uns beneidet. Ich bin es leid, immer wieder zu erklären, dass wir einen Großteil des Geldes normalerweise gespendet hätten, wäre da nicht Tante Elses Testament.

„Möchtet ihr noch ein Stück Kuchen?", frage ich stattdessen freundlich. Anni nickt und hält mir ihren Teller hin, ohne den Blick vom Grundriss zu heben. „Sieht mir ganz vernünftig aus", meint die Expertin. „Wenn nur die Bausubstanz nicht marode ist!"

„Das kann ich mir nicht vorstellen. Erstens steht hier: ‚Der Zustand des Hauses ist ausgezeichnet'", sage ich und tippe mit dem Finger auf den entsprechenden

Satz in den Unterlagen, „und zweitens sind wir wirklich überzeugt, dass dies ‚unser' Haus sein soll. Am Mittwoch gehen wir zum Notar, am Donnerstag ist Schlüsselübergabe und am Freitag fahren wir hoch!"

„Euch ist wirklich nicht zu helfen", meint Reinhard kopfschüttelnd. „So etwas überstürzt man doch nicht!"

„Aber sonst hätte es jemand anders gekauft", wirft Suse ein. „Bestimmt! Da gibt es nämlich sogar einen Sandstrand, und das ist ziemlich selten. Ich schlaf aber nicht mit Max in einem Zimmer!", erklärt sie noch einmal nachdrücklich.

„Nur, solange der Umbau dauert", verlangt Jonathan. „Wir legen einfach eine Matratze auf den Fußboden. Für zwei Wochen wird's schon gehen."

„Aber nicht in meinem Zimmer!" Susanna kann manchmal erschreckend stur sein. „Max kann ja im Wohnzimmer schlafen!"

„Au ja! Ich 'ill auf'm Sofa 'lafen", verkündet Max, dessen Aussprache zu wünschen übrig lässt, weil er sich gerade den letzten Mohrenkopf in den Mund gestopft hat.

„Das wird sich schon alles finden", lenke ich ein. „Stell dir vor", wende ich mich an Annie, „Herr Kallmorgen – das ist der Makler – hat gesagt, dass das Haus voll möbliert ist. Wir können also gleich drin wohnen!"

„Konntet ihr denn nicht mal einen Blick hineinwerfen?"

„Nein, es waren ja überall die Vorhänge zugezogen."

„Aber vor dem Haus ist eine Pferdewiese, mit einer Stute und Fohlen!", gibt Susanna die Details an unseren Besuch weiter, die sie selbst für bemerkenswert hält.

„Kann ich nicht doch ein eigenes Pferd haben, Papa? Bitte!"

„Das wird sich alles finden", sagt nun Jonathan. Annie lacht. „Das klingt ja wirklich himmlisch, was ihr da erzählt! So richtig nach heile Welt."

„Stimmt genau! Ob ihr's glaubt oder nicht: Wunneby hat keinen Campingplatz, keine Imbissbuden am Strand, keinen riesigen Supermarkt, keine Disco, nicht einmal eine Kneipe! Alles, was der Mensch braucht, findet sich im Umkreis von hundert Metern: an der Kreuzung rechts der Bäcker, gegenüber der Friseur, schräg links der Kaufmann, daneben ein Kunstgewerbeladen. Und dann gibt es außer der Kirche noch eine Post, eine Bank und ein kleines Dorfmuseum. Damit hat sich's. Ansonsten Landschaft pur! Und wenn einem wirklich mal der Sinn nach Konsum und Kultur steht: Schleswig ist keine zwanzig Kilometer entfernt. Dort gibt es eine Fußgängerzone fürs Shopping und zum Besichtigen Schloss Gottorf, den Dom mit seinem berühmten Altar, die Fischerhäuser am Holm und die alte Wikinger-Siedlung Haithabu", zählt er auf.

Wunneby haben wir uns gestern vor der Rückfahrt noch kurz angesehen, Schleswig nicht. Mein Mann bezieht seine Weisheit aus dem „Norddeutschen Städteführer" und einem Bildband über „Die schönsten Ziele Schleswig-Holsteins". Annie und Reinhard sind beeindruckt.

„Ihr könnt uns im nächsten Sommer gern besuchen, wenn wir dort Urlaub machen", bietet Jonathan an. „Dann lade ich euch zu einer kleinen Segelpartie ein!"

„Ein Segelboot willst du dir auch noch zulegen?!

Junge, Junge, so eine Erbschaft ist wirklich nicht zu verachten!“

„Na ja, eins nach dem anderen. Zunächst bauen wir mal um!“

Doch bevor Jonathan so richtig tatkräftig in die Hände spucken kann, muss erst einmal der Kaufvertrag unter Dach und Fach gebracht werden. Dazu liefern wir die Kinder bei ihren Großeltern ab, die natürlich von unserem Vorhaben informiert werden müssen. Beide reagieren auf ihre Weise: Schwiegermutter umarmt Jonathan – „Richtig, mein Sohn! Wer sich um eine so große Gemeinde kümmern muss wie du, der braucht auch richtigen Urlaub!“ –, Schwiegervater dagegen mich – „Falls es dir mit dem Garten mal zu viel wird, mien Deern, weißt du ja, wo du mich finden kannst!“ Denn den Garten können wir natürlich nicht ein Jahr lang sich selbst überlassen, ab und zu müssen wir schon hochfahren, um Rasen zu mähen und das Nötigste an den Pflanzen zu erledigen.

Beide winken uns nach, ein hüpfendes Mäxchen in der Mitte, als wir uns auf unseren schicksalshaften Weg begeben. Wir treffen Herrn Kallmorgen, den Makler, im Foyer der Notarskanzlei. „Da wäre noch eine Kleinigkeit“, äußert Herr Kallmorgen und lächelt liebenswürdig. „Wie ich schon sagte – das Haus ist vollständig möbliert und verfügt über alle Utensilien, die man in einem Ferienhaus benötigt: Staubsauger, Bügeleisen etc., etc. Vom Salzstreuer bis zur Schlafcouch – alles komplett, wenn ich so sagen darf. Der jetzige Besitzer überlässt Ihnen die gesamte Einrichtung zu einem Spottpreis von fünftausend Mark!“

„Vielleicht gefallen uns die Sachen aber gar nicht", wende ich ein.

Herr Kallmorgen hebt bedauernd die Hände. „Es tut mir Leid, aber ohne Einrichtung ist das Haus nicht zu erwerben!"

„Davon stand aber nichts in der Anzeige", wage ich einen letzten Einspruch.

„Aber liebe, gnädige Frau, deshalb erwähne ich es ja jetzt, bevor wir unseren Notartermin wahrnehmen. Wenn Sie wegen dieser geringfügigen Summe vom Kauf zurücktreten wollen – bitte sehr, das steht Ihnen natürlich frei."

Geringfügige Summe! Es ist zwar genau genommen Tante Elses Geld, dennoch möchte ich das geerbte Vermögen gut anlegen und nicht zum Fenster hinauswerfen.

„Ich bin sicher", fährt Herr Kallmorgen fort, „dass sich unter den anderen Interessenten, denen ich Ihretwegen eine Absage erteilt habe, ein Käufer finden wird, der den Vorteil eines sofort beziehbaren Hauses zu schätzen weiß... Dann muss ich Sie allerdings bitten, die bereits entstandenen Auslagen zu begleichen: meinen Verdienstausfall für die vergebliche Fahrt hierher, desgleichen die Ausfallsumme für den Herrn Notar, und natürlich die Kosten für ein neuerliches Inserat!"

Bevor wir antworten können, tritt der Notar aus seinem Büro, und beide Herren schütteln sich die Hände.

„Das ist Erpressung", flüstere ich Jonathan zu.

„Denk an den Schleiblick", raunt er zurück, nickt Herrn Kallmorgen kurz unsere Einwilligung zu und schüttelt ebenfalls die Hand des Notars.

„Dann können wir ja Nägel mit Köpfen machen“, freut sich Herr Kallmorgen und ist wieder ganz die Liebenswürdigkeit in Person.

Eine viertel Stunde später sind wir um den Kaufpreis plus fünftausend Mark ärmer, dafür aber stolze Ferienhausbesitzer.

„Mit Salzstreuer und Schlafsofa“, murmelt Jonathan.

Am nächsten Tag beenden wir die Bekanntschaft mit dem liebenswürdigen Herrn Kallmorgen, indem wir per Scheck die Maklercourtage entrichten und im Gegenzug die Schlüssel erhalten. Am übernächsten Tag fahren wir zu viert nach Wunneby, um unseren Besitz genauer in Augenschein zu nehmen.

„Da ist der Bäcker“, weise ich Susanna auf die wichtige örtliche Lokalität hin, während Jonathan nach rechts abbiegt.

Suse nickt.

„Und dort die Wunnebyer Kirche!“

Suse nickt wieder.

„Und da steht: ‚Zum Strand‘!“ Jonathan biegt erneut rechts ab, Suse nickt lebhafter.

„Und da sind die ersten Ferienhäuser!“

Nun starrt Suse gebannt nach vorn – nicht wegen unseres Häuschens, sondern wegen der Pferdeweide davor. Doch die ist leer: keine Stuteund auch kein Fohlen.

„Wo sind denn nun die Pferde?!“

Jonathan zuckt ratlos die Schultern. „Vielleicht weiden sie heute woanders!“

Suse ist maßlos enttäuscht.

„Aber Schatz, wir haben ein Haus gekauft und kein Pferd!“

Doch für Susanna ist ein Haus ohne Pferde nur noch die Hälfte wert.

„Kommt, wir sehen uns drinnen um!“, sagt Jonathan und steckt den Schlüssel ins Schloss, und wir treten ein. Im Gänsemarsch, da der Flur eng ist.

„Nun drängelt doch nicht so!“

Ich öffne die Tür zum Bad. Schon auf dem Grundriss war das Duschbad bloß ein winziges Rechteck, in Natura ist es nur wenig größer. Dafür hat es ein lebhaftes Kachelmuster: ineinander verschlungene Ranken, lila und golden.

Jonathan schluckt und wappnet sich für das Wohnzimmer.

„Erstaunlich, wirklich erstaunlich“, murmelt er und bleibt in der Türöffnung stehen, um das Bild auf sich wirken zu lassen, das sich ihm bietet. Ich stelle mich auf die Zehenspitzen und luge über seine Schulter hinweg. Er hat Recht: Über die Farbenvielfalt kann man in der Tat nur staunen.

Immerhin haben die dunkelbraunen Nadelfilzfliesen des Teppichbodens fast den gleichen Ton wie die massige Schlafcouch aus Cord, die unter der Dachschräge steht. Zur Sitzgruppe gehören noch ein zierlicher Schaukelstuhl mit abgebrochener Kufe, senfgelb gestrichen, zwei niedrige Sessel aus orangefarbenem Segeltuch in schwarzem Holzgestell und ein weißer Wohnzimmertisch. Die Stühle der Essecke – Eicheimitat vor einem weißen Resopaltisch – haben einen rotgrün karierten Bezug, der bodenlange Fenstervorhang ist gelbgrün gestreift. An der Mittelwand des Hauses, der einzigen größeren Stellfläche, lehnt ein wackeliges graues Stahlrohrregal.

„Unkonventionell, findest du nicht?!“ Jonathan lächelt ein bisschen mühsam. „Immerhin – der bauliche Zustand ist in Ordnung!“

Er fährt mit der Hand über die Holztäfelung der Wände und den Handlauf der Treppe. Die Kinder sind schon an uns vorbei nach oben gestürmt. Es knarrt und ächzt bedenklich über unseren Köpfen, denn natürlich sind auch die Böden aus Holz.

Die Schränke der ans Wohnzimmer angrenzenden offenen Küche – Kunststoff, weiß – sollen ja sowieso raus. Der Drei-Platten-Herd sieht ganz brauchbar aus, ebenso ein blanker Teekessel, und Jonathan findet auch den von Herrn Kallmorgen erwähnten Salzstreuer.

Die beiden Zimmer im Obergeschoss sind schnell besichtigt. Im rechten stehen zwei weiße Liegen mit groß geblümten Matratzen, im linken zwei Einzelbetten, Birke poliert aus den fünfziger Jahren. Abgesehen von schmalen Einbauschränken ist das die ganze Möblierung der Schlafräume.

Wir inspizieren noch die Abseiten im Flur, wo tatsächlich ein Staubsauger neben dem Zählerkasten lehnt, ehe ich zusammenfasse: „Also, die beiden Liegen für die Kinder können wir behalten – natürlich müssen neue Matratzen rein –, der gewebte Vorhang in unserem Schlafzimmer kann auch bleiben, der Teekessel gefällt mir, und der Staubsauger ist auch okay, sofern er funktioniert. Das sind fünf Teile. Bei einer Summe von fünftausend Mark bedeutet das –“

„Du darfst den Salzstreuer nicht vergessen und das Bügeleisen“, unterbricht mich Jonathan. „Und den Schleiblick, denn der ist unbezahlbar“, fügt er hinzu und nimmt mich in die Arme. „Sei nicht traurig,

Marie, die Einrichtung ersetzen wir Stück für Stück, sobald wir es uns leisten können."

Von Tante Elses Geld ist abzüglich des Zehnten für die Kirche noch gerade so viel übrig, wie wir vermutlich für den geplanten Umbau brauchen werden.

„Können wir nun endlich an den Strand gehen?", fragt Suse ungeduldig von der Tür her.

Doch mit dem Strand ist es wie mit den Pferden: Er ist verschwunden. Als wir die kleine Bucht erreichen, die hinter der Wiese liegt, ist der Ufersaum grasbewachsen. Von Sand keine Spur. „Ich versichere dir, Susanna, hier war letzte Woche ein mehrere Meter breiter Sandstrand. So wahr ich hier stehe! Natürlich – jetzt ist Hochwasser, weil wir Ostwind haben", fällt Jonathan ein. „Aber Hochwasser ist hier nur ganz selten", fügt er schnell hinzu, als er Suses Gesicht sieht. „Im Sommer so gut wie nie! – Max, geh nicht so dicht ans Wasser, du holst dir nasse Füße!"

„Und was ist das dahinten für ein Schornstein, der so scheußlich qualmt?"

„Oh, das ist nur die Zuckerfabrik", erklärt Jonathan. „Keine Angst, der Qualm ist gereinigt – deshalb ist er auch so weiß. Keine Umweltschädigung, ich habe mich extra erkundigt."

Auch Mäxchen ist die Fabrik aufgefallen.

„Guck mal, Mami: Ich weiß jetzt, wo all die Wolken herkommen. Die Engel machen sie da drüben in der Fabrik und schicken sie dann um die gaaanze Welt!" Er breitet die Arme aus und dreht sich im Kreis, um seine Worte zu unterstreichen.

„Also, nun lasst doch mal die blöde Fabrik beiseite. Die fällt doch wirklich kaum auf angesichts der landschaftlichen Schönheiten ringsum!“ Jonathan ist ein wenig ungehalten. Da haben wir vor uns die Große Breite, auf der das eine oder andere Boot mit geblähten Segeln dahingleitet, sanft erhebt sich das gegenüberliegende Ufer, weiter hinten ragt der Schleswiger Dom in den Himmel, neben uns nur Wiesen, Felder, einzelne Baumgruppen und Knicks – und die Kinder sehen nichts anderes als die Zuckerfabrik!

„Mach dir nichts draus“, sage ich und hake mich bei Jonathan ein. „Es wird ihnen schon gefallen. Ich kann mir unsere beiden schon gut im Sommer vorstellen, wie sie hier baden und Schlauchboot fahren!“

Suse hängt sich an Jonathans andere Seite. Mäxchen kommt an meine Hand, und zufrieden wandern wir zurück zum Auto, um das Gepäck ins Haus zu bringen, denn bis Samstagabend können wir bleiben.

Moin, Moin!

Am nächsten Morgen fahren wir ins Dorf, um Bäcker und Kaufmann einen Besuch abzustatten. Für den Friseur und den Kunstgewerbeladen haben wir im Moment keine Verwendung.

Mit einem höflichen „Guten Tag!“ betrete ich den Bäckerladen. Schon falsch! Wie sich zeigt, begrüßen alle Kunden die Verkäuferin hinter dem Tresen mit „Moin!“

Als ich endlich dran bin, kaufe ich ein Paket Schwarzbrot. „Wunnebyer Korn an Korn“ –, eine große Tüte voller duftender Brötchen – wobei mich die Frage: „Auch Kieler dabei?“, schon wieder daran erinnert, dass wir uns in Schleswig-Holstein befinden und drei lekkere Kuchenschnittchen: halbrund, unten Blätterteig, darauf Pflaumenmus mit Sahne, das Ganze bedeckt mit einer dünnen Schicht feinporigen Marzipans sowie einer Zierkirsche.

„Das ist unsere Gänsebrust“, erfahre ich den Namen von dieser Köstlichkeit. Jonathan grinst anzüglich.

„Sehr passend, findest du nicht?! Am liebsten würde ich gleich reinbeißen“, raunt er mir zu.

Für Mäxchen gibt es einen Berliner ganz ohne Lokalkolorit, denn der mag weder Marzipan noch Pflaumenmus. Erstaunlicherweise verabschiedet man sich auch mit einem fröhlichen „Moin!“, das ich offenbar fälschlich mit „Guten Morgen!“ übersetzt habe. Nun denn, wir sind ja lernfähig.

Beim Betreten des Kaufmannsladens geben wir uns bereits ganz einheimisch: „Moin!“

„Moin!“, grüßt freundlich die Dame an der Kasse zurück. Jonathan überlässt es mir, die fürs Wochenende erforderlichen Lebensmittel zusammenzusuchen und verschwindet im hinteren Teil des Ladens, wo die Werkzeugabteilung untergebracht ist. „Unser“ Kaufmann – ‚Aktiv-Markt Hansen‘ – ist gut sortiert, wie ich schnell feststelle, und auch nur ein bisschen teurer als mein Supermarkt in Hamburg. Dafür ist er personell sehr gut bestückt: Allein drei Damen bedienen an der Wurst- und Käsetheke, ein Lehrmädchen ordnet die Joghurtbecher neu, ein junger Mann ist fürs Gemüseabwiegen zuständig, ein älterer für Schrauben und Nägel, Herr Hansen selbst übernimmt die Leergutannahme, wenn er nicht gerade telefoniert, seine Frau hat die Oberaufsicht im Laden und dann ist da noch die Kassiererin. Alles in allem herrscht eine familiäre Atmosphäre, da zahle ich gern ein paar Mark mehr.

Nach einer ganzen Weile taucht Jonathan wieder auf mit einer Kiste „Flens“, wie hier das Flensburger Pilsener zeitsparend abgekürzt wird, und einem gut gefüllten Einkaufskorb voller Werkzeug: „Brauchen wir alles für den Umbau!“

Ich verkneife mir die Bemerkung, dass wir damit eigentlich gelernte Handwerker beauftragen wollten, die sicher nicht begeistert sind, wenn Jonathan ihnen „hilft“.

„Also“, informiert mich mein Mann, nachdem wir uns mit „Moin!“ verabschiedet haben, „Herr Hansen hat mir ein paar Handwerker empfohlen: Der Klempner heißt auch Hansen, ist aber nicht verwandt oder verschwägert. Hansens gibt's hier scheint's wie Sand am Meer: Die nächste Gaststätte Richtung Schlei gehört zum Beispiel einem Hansen-Schulz."

Ich erinnere mich an das Hinweisschild unter dem Wegweiser „Zum Strand": „Wunnebyer Hof", Inh.: Hansen-Schulz".

„Der Elektriker wohnt im Nachbarort und heißt Schulz – vielleicht ist er mit Hansen-Schulzes verwandt, vielleicht auch nicht –", fährt Jonathan fort und verstaut unsere Einkäufe im Wagen. „Und der beste Tischler ist ein Herr Peters aus Toftholm. Ich fahre gleich mal vorbei und erkundige mich, ob sie Montag in zwei Wochen bei uns anfangen können."

Beim Elektriker macht das keine Schwierigkeiten, er verspricht, mit einem seiner Gesellen vorbeizukommen. Auch der Klempner kann den Auftrag annehmen, nur Herr Peters kratzt sich am Kopf, nachdem wir uns mit mehreren „Moin, Moin!" begrüßt und ihm unser Anliegen vorgetragen haben.

„Tja, das is' nu' man nich' so einfach", meint er. „Ich hab da noch so'n verschiedenen annern Kram zu erledigen. Der geht nu' vor." Jonathan bemüht sich, Herrn Peters umzustimmen und redet mit Engelszungen. Erst als er erwähnt, dass er Pastor in Hamburg sei, hat das einen erstaunlichen Sinneswandel bei Herrn Peters zur Folge: Plötzlich ist er ganz beflissen, richtig ehrerbietig. Ja, auf dem Lande gilt der Berufsstand des Pastors noch was!

„Na gut, Herr Paster, wenn's Ihnen denn so pressiert, dann kann ich dat eine und dat andere auch hinten anstellen", bietet Herr Peters an und erklärt sich bereit, sich am Montag in zwei Wochen bei uns einzufinden.

„Wir hätten ja auch einen anderen Tischler beauftragen können, zum Beispiel aus Schleswig, wenn dieser Herr Peters zu viel zu tun hat", sage ich im Auto zu Jonathan. Doch der schüttelt entschieden den Kopf: „Ne, ne, du! Wenn der Kaufmann hier den Peters in den höchsten Tönen lobt, dann hat das schon Gewicht! Weiß ich, was für ein Tischler mir ins Haus kommt, wenn ich irgendeinen nehme?!"

Zwei Wochen später, zu Beginn der Herbstferien, fahren wir wieder nach Wunneby, diesmal sogar zu fünft, denn bei zwei Wochen Urlaub müssen wir natürlich auch Fifi mitnehmen. Fifi ist Susannas Katze und trägt diesen ungewöhnlichen Namen, weil Suse eigentlich einen Hund wollte, Jonathan und ich uns aber nur zu einer Katze durchringen konnten, mit der man nicht tagein tagaus Gassi gehen muss.

Am Montag sind wie versprochen die Handwerker zur Stelle.

„Moin, Moin", sagt Klempner Hansen, „Moin, Moin", Elektriker Schulz samt Gesellen. Der stellt sich gleichfalls mit „Hansen" vor und ist ab sofort „Hansen 2" zur Unterscheidung zu „Hansen 1", dem Klempner. „Ein Glück, dass der Tischler Peters heißt", findet Jonathan. „Mir schwirrt von all den Hansens schon der Kopf!"

Herr Peters ist auch da – „Moin, Moin!" –, gleich mit drei Mann.

Wir erklären, was gemacht werden soll: den Heizkörper unter der Dachschräge an die Stirnwand des Hauses versetzen, an seinem alten Platz den Herd aufstellen und anschließen, darüber ein Veluxfenster einbauen, für Wasseranschluss in der neuen Küchenzeile sorgen und die alten Rohre stilllegen, sowie den offenen Durchgang zur alten Küche verkleinern und mit einer Tür schließen.

Die Herren stimmen sich zeitlich ab, wer wann welche Aufgaben zu erledigen hat. Hansen 2 (Elektriker) rückt mit Hansen 1 (Klempner) den Herd neben den Wohnzimmertisch, damit sie freie Bahn haben. Wir zeigen Herrn Peters inzwischen die knarrenden Bodenbretter im ersten Stock, die mich schon jetzt um den Schlaf gebracht haben, wenn Jonathan mitten in der Nacht aufsteht, um sich etwas zu trinken zu holen oder das Klo aufzusuchen.

Herr Peters wiegt bedenklich sein ergrautes Haupt. „Da kann man wenig machen, fürcht ich. Weil: Das is' hier nich' auf Nut gesetzt. Und die Stützbalken fehlen auch. Wenn das richtige Dielen wärn, aber so ..."

Aha.

„Aber im Erdgeschoss könnte ich Ihnen 'n prima Parkettboden legen, Herr Paster, wenn Se den Nadelfilz nich' mehr wollen", schlägt er stattdessen vor. Wir versprechen, es uns durch den Kopf gehen zu lassen - nach dem Umbau.

„Denn will ich man schon ma' gucken, was für 'ne Tür ich für Sie hab", erklärt Herr Peters und entschwindet Richtung Toftholm zu seinem Lager. Diesen Montag taucht er nicht wieder auf.

Seine Angestellten verbringen einen Großteil ihrer Zeit damit, die Wand zu vermessen, in die das Veluxfenster eingebaut werden soll – schließlich kocht es sich angenehmer, wenn man dabei Tageslicht und einen Ausblick in den Garten hat. Leider kommen sie ständig auf unterschiedliche Ergebnisse, und als sie sich schließlich einig sind, wo die Dachpfannen entfernt werden müssen, sind sie siebzig Zentimeter zu weit nach links geraten. Zum Glück bemerkt Jonathan den Irrtum noch rechtzeitig, ehe sie die Holztäfelung der Innenwand an der falschen Stelle aufschneiden.

Es zeigt sich, dass das Isoliermaterial zwischen den Dachsparren von Mäusen zerwühlt und fast völlig nach unten gerutscht ist. Von Isolierung kann da kaum noch die Rede sein. Also ziehen Herrn Peters Gesellen los, um aus dem nächstgelegenen Baumarkt mehrere Rollen Glasfasermatten zu besorgen. Als sie nach zweieinhalb Stunden noch immer nicht zurück sind, frage ich Jonathan verwundert, wieso das so lange dauern kann?

„Aber nein", klärt Jonathan mich auf. „Die zwei sind schon längst wieder da. Sie machen nur gerade Mittagspause!"

Nun, dennoch geht es mit dem Umbau voran, wenn auch nicht so zügig, wie wir uns das gedacht hatten. Manchmal ist das Wasser abgestellt, damit Hansen 1 arbeiten kann, manchmal der Strom, damit Hansen 2 arbeiten kann. Der Einzige, der immer arbeiten könnte, ist Herr Peters. Doch aus uns unerfindlichen Gründen tut er es selten.

Am Freitagmittag Punkt vierzehn Uhr erklärt er: „Feierabend!" und ist durch nichts zu bewegen, auch nur noch einen Handschlag zu tun. „Feierabend is' Feierabend, dat versteh'n Se doch, Herr Paster?!"

Das Gleiche gilt natürlich für seine Angestellten, die alles stehen und liegen lassen und ins wohlverdiente

Wochenende entfliehen. Unsere beiden Hansens schließen sich an und lassen uns auf einer mittelgroßen Baustelle zurück.

Der Herd im Wohnzimmer ist allen im Weg, die ehemalige Küche kann man kaum betreten, weil der Fußboden aufgerissen ist und die Rohre freiliegen, überall stolpert man über Handwerkszeug, und einen Wasseranschluss fürs Waschbecken haben wir auch noch nicht. Notgedrungen muss ich im Bad abwaschen, das schmutzige Geschirr auf dem Klodeckel gestapelt.

„Du machst dich gut, Marie", sagt Jonathan. „Soll ich ein Foto von dir knipsen für unseren Gemeindebrief: ‚Frau Paster bei ihrer liebsten Ferientätigkeit'?", und schließt schnell die Tür, bevor ich handgreiflich werden kann.

Am Sonntagmorgen besuchen wir den Gottesdienst in der Wunnebyer Kirche, und Jonathan lernt seinen Amtsbruder kennen. Max rutscht unruhig auf der blauen Sitzbank herum, er langweilt sich, und auch Suse sieht so aus, als ob sie mit ihren Gedanken ganz woanders wäre. In Hamburg sind die Kinder während des Gottesdienstes in ihren jeweiligen Sonntagsschulgruppen, das ist natürlich für sie geeigneter. Aber in so einer kleinen Dorfkirche kann man das wohl nicht einführen.

Ich überschlage schnell die Zahl der anwesenden Besucher und komme auf höchstens dreißig, vorwiegend ältere Leute. Herr Hansen, unser Kaufmann, sitzt mit seiner Frau in der Reihe vor uns, hinter uns tuschelt ein halbes Dutzend Teenager, die einzigen jungen Leute hier. Vermutlich sind es die Konfirmandenschüler. Außer Max ist nur noch ein kleines Mädchen in seinem Alter da, schön herausgeputzt in einem karierten Kleidchen mit weißem Kragen und großer Schleife auf dem Rücken.

Natürlich verläuft auch der Gottesdienst anders als zu Hause in Hamburg, wir singen den Kindern unbekannte Lieder und sprechen abwechselnd mit dem Pastor die Liturgie. Als das Opfer eingesammelt wird, macht Max große Augen: Der Klingelbeutel wird vom Mittelgang aus an einer langen Stange in die Reihen gehalten und geht nicht von Hand zu Hand wie bei uns, denn in jeder Reihe ist nur Platz für höchstens acht Leute.

Zum Glück dauert der Gottesdienst nur eine knappe Stunde, länger hätte Max wohl kaum durchgehalten. Aufatmend strebt er dem Ausgang zu, mich hinter sich herzerrend. Mir hat es durchaus gefallen, besonders die Predigt. Draußen schüttelt der Pastor den Besuchern die Hand und wechselt mit jedem ein paar freundliche Worte. Wir sind die letzten in der kleinen Schlange. Jonathan stellt uns vor und „outet" sich.

„Ah, ein Kollege aus Hamburg!", freut sich Pastor Behrmann. „Und Sie machen hier Urlaub in unserem schönen Wunneby?!"

„Ja, zwei Wochen. In Hamburg sind Herbstferien."

„Ich würde mich sehr freuen, wenn Sie am nächsten Sonntag im Gottesdienst ein paar Grußworte sagten, lieber Bruder, sozusagen von Gemeinde zu Gemeinde!"

„Das täte ich herzlich gern", erwidert Jonathan. „Nur leider müssen wir schon Samstagabend zurück. Der auswärtige Kollege, der in Hamburg statt meiner predigen sollte, ist leider verhindert, und so habe ich mich bereit gefunden, meinen Urlaub um einen Tag zu verkürzen."

„Wie schade", bedauert Pastor Behrmann. „Nun, vielleicht ein andermal."

* * *

Im Ferienhaus umfängt mich gleich wieder das gewohnte Chaos.

„Ist ja nur vorübergehend", tröstet mich Jonathan und gibt Max einen Klaps auf die Finger, weil der an den Drähten herumspielt, die zwischen Wand und Herd sichtbar sind.

Leider dauert der vorübergehende Zustand etwas länger, weil am nächsten Montag nur der eine Hansen erscheint und zwar genau der, der nicht arbeiten kann, weil er auf die Vorarbeiten des anderen angewiesen ist.

Jonathan fährt zur Telefonzelle ins Dorf und erreicht, dass am Nachmittag auch der andere Hansen anrückt. Der erste ist nun wieder weg und kann leider erst am Mittwoch wieder kommen. Dadurch verschiebt sich der gesamte Zeitplan, denn Herr Peters kann erst wieder aktiv werden, wenn Hansen 1 und 2 mit ihrer Arbeit fertig sind. Das ist am Donnerstag, dem vorletzten Werktag der Herbstferien, der Fall. Die beiden verabschieden sich mit zwei endgültigen „Moin!" – „Moin!", und Herr Peters tritt in Aktion. Der Fußboden, den er in Mäxchens Schlafraum zimmert, ist ein einziges Stückwerk, aber Herrn Peters stört das nicht: „Kommt ja sowieso Teppichboden drauf, nich'?" Wahrscheinlich denkt er auch bei der Wandverschalung, in der die alten Rohre verschwinden sollen, dass diese ja noch tapeziert wird.

„Ich begreife nicht, wieso Herr Hansen – also, ich meine jetzt den Kaufmann – uns gerade diesen Tischler so wärmstens empfohlen hat!“ Jonathan betrachtet die Wand und schüttelt traurig den Kopf.

„Das ist ganz einfach“, kläre ich ihn auf. „Ich hatte heute ein nettes Gespräch mit der Kassiererin, so von Frau zu Frau. Und weißt du was: Herr Peters ist der Schwager von Herrn Hansen, unserem Kaufmann. Oder anders ausgedrückt: Frau Peters ist eine geborene Hansen. Und Blut ist ja bekanntlich dicker als Wasser!“

„Das erklärt alles“, seufzt Jonathan.

„Noch einen Tag und es ist überstanden“, tröste diesmal ich. Doch das erweist sich leider als Irrtum. Punkt vierzehn Uhr legt Herr Peters, der Hansen-Schwager, den Zollstock aus der Hand, ohne dass sich zwischen Kochnische im Wohnzimmer und Kinderzimmer die gewünschte Tür befindet. Nicht einmal die Türöffnung ist auf das erforderliche Maß geschrumpft.

„Feierabend!“

„Aber Herr Peters, das können Sie uns doch nicht antun! Sie wissen doch, dass wir Samstagabend nach Hamburg zurückmüssen: Die Ferien sind übermorgen zu Ende, und mein Mann muss am Sonntag schon wieder predigen!“

Doch Herr Peters ist nicht gewillt, Überstunden zu machen, auch nicht „dem Herrn Paster“ zuliebe.

„Dann musst du eben am Montag noch mal allein hochfahren“, sage ich zu Jonathan. Es ist zwar viel

Fahrerei, und die Kinder und ich können auch nicht mit – Suse muss zur Schule, ich muss Max in den Kindergarten bringen und wieder abholen –, aber wenn es nicht anders geht.

Doch Herr Peters schüttelt den Kopf.

„Ne, dat hat kein' Sinn. Am Montag, da bin ich in Süderbrarup. Is' nich' zu ändern. Vor Dienstag – oder besser noch Mittwoch – wird dat hier nix. Vielleicht auch erst Donnerstag, kann ich noch nich' so genau sagen."

Auf diese vagen Zusagen hin kann Jonathan natürlich nicht seine Gemeindearbeit vernachlässigen, zumal er ja gerade erst vierzehn Tage nicht da war.

„Sie könn' mir ja 'n Schlüssel dalassen", bietet Herr Peters an. „Dann mach' ich Ihnen die Tür irgendwann nächste Woche, un' wenn Se nächstes Mal wiederkomm'n, is' alles fix und fertig!"

„Fix und fertig bin ich auch bald", murmele ich leise.

Es bleibt uns nichts anderes übrig, als Herrn Peters' Angebot anzunehmen. Wir halten ihn auch durchaus für einen ehrlichen Menschen, und die Tür anzubringen, kann ja eigentlich kein Problem sein. Dennoch ist Jonathan unruhig.

„Ich habe kein gutes Gefühl, Marie", teilt er mir am Freitag nach dem Bibelunterricht mit, den er mit den Konfirmandenschülern abhält. „Vielleicht sollten wir morgen vorsichtshalber doch noch mal für einen Tag hochfahren und uns überzeugen, dass Herr Peters Wort gehalten hat."

Er hat. Der Schlüssel ist wie besprochen beim Kaufmann hinterlegt, der Durchgang zu, die Tür eingesetzt. Es sieht sogar richtig gut aus. Dennoch hat Jonathans Gefühl nicht getrogen, die Sache hat nämlich einen kleinen Schönheitsfehler: Herr Peters hat die Tür fünf Zentimeter zu weit rechts angebracht.

Was sind schon fünf Zentimeter? mag man einwenden. Nun, eine ganze Menge, wenn das Bett aus dem oberen Kinderzimmer in der Nische neben der Tür stehen soll und nun um besagte fünf Zentimeter zu breit ist, so dass sich die Tür dann nicht mehr schließen lässt.

Wir suchen unseren Meister-Tischler zu Hause auf und erläutern die Sachlage. Daraufhin bietet Herr Peters an, uns ein schmaleres Bett zu zimmern, auf unsere Kosten natürlich, denn: „Dat ham' Se nich' genug deutlich gemacht, wo die Tür denn nu' genau hin muss!"

Wir verzichten darauf, Herrn Peters darauf hinzuweisen, dass man dort, wo nichts ist, auch nichts markieren kann, und er sich deshalb unsere durchaus exakten Angaben extra in ein kleines abgegriffenes Büchlein geschrieben hat. Auf die Sonderanfertigung verzichten wir ebenfalls. Jonathan kann sich nicht mal zu einem „Auf Wiedersehen" durchringen, als wir gehen. Wie gut, dass man auch „Moin!" sagen kann!

Veränderungen

„Ich habe eine gute und eine schlechte Nachricht für dich, Marie“, sagt Jonathan, als er von der Gemeindeversammlung nach Hause kommt. Ich liege verschnupft und mit Fieber im Bett – meine übliche jährliche Herbsterkältung – und konnte deshalb nicht mit. „Die schlechte dann bitte zuerst“, krächze ich. Doch Jonathan schüttelt den Kopf. „Erst die gute: Die Gemeinde hat zugestimmt, dass zu Jahresbeginn ein zweiter Pastor eingestellt wird.“

Das ist wirklich eine gute Nachricht! Schon lange ist mein Mann überlastet mit den vielfältigen Aufgaben, die die Arbeit eines Pastors so mit sich bringt. Es sind ja nicht nur die Predigten, die Sonntag für Sonntag gehalten werden müssen, hinzu kommt der Konfirmandenunterricht, die Betreuung des Jugendkreises, die Leitung unseres biblischen Hauskreises, Ältestensitzungen, Seelsorgegespräche, Krankenbesuche und anderes mehr. Bei einer Gemeinde von rund 350 Mitgliedern ist das für einen Pastor allein kaum zu schaffen, und so hatte der Ältestenrat bereits im September beschlossen, einen zweiten Pastor nach Hamburg zu holen, der Jonathan entlastet. Doch hierzu braucht er die Zustimmung der Gemeinde, die für das zweite Gehalt aufkommen muss.

Ich bin sehr froh, dass in dieser Frage positiv entschieden wurde.

„Es gibt auch schon jemanden, der den Posten gern übernehmen würde“, fährt Jonathan fort. „Ein älterer

Pastor, dessen jüngste Tochter gerade Abitur gemacht hat und der von Stuttgart gern wieder in den Norddeutschen Raum gehen würde, weil seine kranke Mutter hier lebt. Wesskamp heißt er."

Ich nicke. So weit, so gut. Doch warte ich immer noch auf die schlechte Nachricht.

Jonathan räuspert sich. „Pastor Wesskamp könnte sogar sehr kurzfristig nach Hamburg kommen, weil ein junger Kollege, der eigentlich in die Mission gehen wollte, nun doch in Deutschland bleibt und die Stuttgarter Gemeinde übernehmen könnte."

„Spann eine arme Kranke doch nicht so auf die Folter!", jammere ich. „Wo ist der Haken?"

„Der Haken ist, dass Wesskamps irgendwo wohnen müssen. Zunächst können sie in Möllers Haus unterkommen, solange Möllers noch in den USA sind. Aber wenn die im April zurückkehren, braucht der neue Pastor natürlich eine andere Bleibe. Und jetzt kommt die schlechte Nachricht: Wesskamp und seine Familie werden hier wohnen."

„Hier?!" Voller Entsetzen starre ich den Überbringer dieser Hiobsbotschaft an. „Und wo sollen wir hin?"

„Nein, nein, Marie! Du hast mich missverstanden", beruhigt mich Jonathan. „Wesskamps sollen nicht in unserem Haus wohnen, sondern nur auf dem gleichen Grund und Boden. Mit anderen Worten: Wir verlieren den größten Teil des Gartens, weil das Grundstück geteilt und hinten ein Fertighaus hingestellt werden soll."

Erleichtert sinke ich in die Kissen zurück. Das ist ja nicht ganz so schlimm. Obwohl: Der Garten ist schon jetzt nicht riesig, wahrscheinlich wird kaum noch etwas von ihm übrig bleiben. Fußball spielen wird Max dann jedenfalls nicht mehr können, das geht dann nur noch in Wunneby.

„Es hilft ja nichts, in den sauren Apfel müssen wir wohl beißen. Immerhin ist es gut, dass die Gemeinde einen zweiten Pastor bekommt, der dich entlastet, Lieber“, fasse ich zusammen und suche nach meinem Taschentuch, weil ich schon wieder niesen muss. „Wenn ihr beide, Pastor Wesskamp und du, abwechselnd predigt, können wir vielleicht ab und an für ein ganzes Wochenende nach Wunneby fahren“, äußere ich hoffnungsvoll. „Was meinst du dazu?“

Jonathan nickt. „Im Frühling wäre das sicher sehr schön. Ich wüsste eigentlich nichts, was dagegen spricht. Ich habe meinen freien Montag ja schon während der Haussuche gegen den Samstag getauscht. Nun, wir werden sehen. Jetzt musst du erst mal wieder gesund werden, Marie.“

„Ich tue mein Bestes“, verspreche ich. Ein großer Ansporn dabei ist für mich die Tatsache, dass die scheußliche Einrichtung unseres Ferienhäuschens ersetzt werden soll, und das, ohne viel Geld auszugeben, denn Tante Elses Erbschaft ist so gut wie aufgebraucht.

Also studiere ich noch vom Krankenbett aus die privaten Angebote in der „Avis“, die Zeitungsinserate von Räumungsverkäufen und Versteigerungen und notiere die letzten Flohmarkttermine dieses Jahres. Kaum genesen mache ich mich daran, für wenig Geld ein paar hübsche Stücke zu erstehen und freue mich über jeden Erfolg.

Größere Möbelstücke müssen in unserem Keller zwischengelagert werden, kleinere transportieren wir in unserem Kombi, wenn wir nach Wunneby fahren. Das ist in diesem Jahr allerdings nur noch an zwei Samstagen der Fall: einmal im November und einmal Anfang Dezember.

Den Novembersamstag in Wunneby verbringt Jonathan damit, Rauhfasertapete an die Wände von Mäxchens Zimmer zu kleben und acht Quadratmeter Teppichboden zu verlegen, den ich preiswert als Rest bekommen habe. „Dazu brauchen wir keine Handwerker, das mach ich selber!“

Nun rentiert sich doch noch das von ihm gekaufte Werkzeug. Hinterher schrappt zwar beim Öffnen die Tür über den Teppich, aber Jonathan behauptet, das läge an der Tür, die zu tief eingehängt sei. Wenn ich an Herrn Peters denke, bin ich geneigt, ihm zu glauben. Zum Glück ist es uns gelungen, die Liege doch noch unterzubringen, wenn auch nicht genau dort, wo sie eigentlich hin sollte.

An diesem Sonnabend lerne ich ein Drittel unserer unmittelbaren Nachbarn kennen, Rolffs, deren Haus schräg hinter unserem steht.

„Man muss ja mal nach dem Rechten sehen, ehe der Winter kommt“, erklärt Frau Rolff. „Das werden Sie noch früh genug merken: So ein Ferienhaus ist nicht nur pures Vergnügen, es macht auch eine Menge Arbeit!“

Es liegt mir auf der Zunge ‚Das weiß ich schon!‘ zu sagen. Aber dann frage ich stattdessen nach den Nachbarn schräg links voraus.

„Dort wohnen Riesenhubers. Die sind aber nur zweimal im Jahr da“, informiert mich Frau Rolff. „Sie stammt irgendwo hier aus der Gegend und hat dann nach Bayern geheiratet. Er ist Anlageberater oder so was Ähnliches. Jedes Jahr feiern sie hier am letzten Maiwochenende Frau Riesenhubers Geburtstag mit einem großen Familienfest, und dann kommen sie noch mal im August für drei Wochen von München rauf."

Ich erkundige mich noch nach unseren Nachbarn rechts voraus, Zieglers, deren Grundstück allerdings nicht direkt an unseres grenzt, weil der Sandweg dazwischen verläuft.

„Rolffs, die hinter uns wohnen, sind ein nettes älteres Ehepaar, sympathisch und kultiviert", teile ich Jonathan anschließend mit.

„Herr Rolff ist Rechtsanwalt in Blankenese. Unsere Nachbarn vorn links heißen Riesenhuber, er hat mit Finanzen zu tun: Vermögensberatung und dergleichen. Und Herr Ziegler rechts vom Weg ist im Im- und Export tätig. Er soll eine große Firma haben", gebe ich mein neu erworbenes Wissen weiter. Jonathan grinst. „Dann bewegen wir uns ja in illustrer Gesellschaft. Was die wohl von einem Pastor als Nachbarn halten?"

Wie er so dasteht in seinen alten Arbeitsjeans, den Pinsel in der Hand und mit Farbspritzern im Haar, sieht er mehr wie ein Anstreicher aus als wie ein respektabler Pastor.

„Hier scheinen vorwiegend ältere Leute zu wohnen. Kinder habe ich bisher keine gesehen", sage ich nachdenklich. Jonathan nickt.

„Als die Häuser vor rund achtzehn Jahren gebaut wurden, waren die Besitzer wahrscheinlich so in unserem Alter, und die Kinder sind jetzt groß. Das ist doch nur gut, dann haben wir es schön ruhig hier!" Er wendet sich befriedigt wieder seiner Wand zu.

Draußen ertönt ein mörderisches Geschrei: Mäxchen, vermutlich im Streit mit seiner Schwester. Was sein Vater für einen Vorteil hält, ist in seinen Augen ein gewaltiger Nachteil:

„Is' niemand zum Spielen da, gaaar keine Kinder!", jammert Max. „Papi hat keine Zeit, und Suse is' gemein!"

Ich ermahne Suse, nicht gemein zu sein, und bitte Jonathan, in einer Arbeitspause mit seinem Sohn eine Runde Fußball zu spielen. „Dann kann ich den zweiten Wandanstrich aber erst das nächste Mal machen!"

Damit bin ich einverstanden. So kann ich die Kiefernholzkommode, die Suse gnädig für Mäxchens Zimmer zur Verfügung gestellt hat – „Zu Weihnachten will ich dann aber eine neue, in pink oder schwarz!" –, vorerst an die Wand im Wohnzimmer rücken. Das sieht in jedem Fall besser aus als die wackelige graue Stahlrohrkonstruktion unserer Vorbesitzer.

Im Dezember – Anreise Freitag nach dem Konfirmandenunterricht, Rückreise Samstagabend – kommt nicht nur die zweite Schicht Farbe auf Mäxchens Tapete, Jonathan kachelt auch das Bad neu. Dazu klebt er einfach auf die lila-goldenen Rankenexemplare die von mir ausgesuchten, schlichten weißen mit einem dezenten Möwenmotiv auf jeder zehnten Kachel.

Trotz dieses zeitsparenden Verfahrens ist er den ganzen Samstag über als „Fliesenleger" beschäftigt. Ich packe die Reisetasche aus, räume den Kühlschrank ein, koche das Mittagessen, wasche ab, per Hand natürlich, nähe Vorhänge und Kissenbezüge und versuche ganz nebenbei noch die Kinder bei Laune zu halten. Wie sagte doch Frau Rolff so schön: „Ein Ferienhaus zu haben, ist nicht nur pures Vergnügen – es macht auch eine Menge Arbeit!“ Recht hat sie, doch ist es auch höchst befriedigend zu sehen, wie unser Häuschen nun auch innen langsam unserem Ideal näher kommt.

Zwar leben wir noch immer im bunten Möbelsammelsurium, doch das Bad ist jetzt viel heller und wirkt auch größer, im Flur hängt ein wunderschöner alter Kiefernspiegel, den ich in aller Frühe vor dem Gottesdienst auf einem Flohmarkt ergattert habe, Suses Zimmer wird passend zur Liege ein Traum in Weiß dank eines zierlichen weißen Korbsessels mit blauem Polster, weißblauen Vorhängen sowie Kissen und einem modernen Schreibtisch, und abends schließe ich vor der Terrassenfront bodenlange naturfarbene Leinenvorhänge statt des grüngelben Ungetüms. Mäxchens Kommode an der Wohnzimmerwand schmücke ich mit einem herbstlichen Trockenstrauß und mehreren Kerzenleuchtern und finde es schon sehr wohnlich bei uns.

Wesskamps sind Anfang Dezember nach Hamburg gezogen und recht sympathisch, besonders Frau Wesskamp. Ich hoffe, dass unsere beiden Männer gut zusammenarbeiten werden, zumal Jonathan als der Jüngere seinen Schwerpunkt nun in die Jugendarbeit legen kann und Pastor Wesskamp, für uns: Karl-Uwe, vorwiegend die Alten und Kranken betreuen soll. Am dritten Advent ist der neue zweite Pastor mit einem großen Festgottesdienst in die Gemeinde eingeführt worden, offiziell beginnt sein Dienst am 1. Januar.

Dennoch fragt ihn Jonathan, ob er nicht schon den letzten Sonntags-Gottesdienst im Dezember übernehmen könne. Heiligabend ist die Christvesper, am 25. Dezember der Weihnachtsgottesdienst und zwei Tage später der normale Sonntagsgottesdienst, da Heiligabend in diesem Jahr auf einen Donnerstag fällt. Karl-Uwe lehnt bedauernd ab: Seine bettlägerige alte Mutter brauche seine Hilfe, besonders in dieser Zeit, da Weihnachten doch das Fest der Liebe sei. Nun gut, dann muss Jonathan eben drei mal ran, es sei denn, dass einer der Ältesten die Sonntagspredigt übernimmt.

„Na?", frage ich gespannt, als mein Mann vom letzten Ältestenrat in diesem Jahr, auf dem auch die Termine für das nächste festgelegt werden, zurückkehrt. „Wie ist es gelaufen?"

Jonathans Miene verheißt nichts Gutes. „Wollte keiner der Ältesten am Sonntag nach Weihnachten predigen?"

„Doch, Herrmann hat sich bereit erklärt." Herrmann Finke ist der Senior des Kirchenvorstandes, der auch traditionell immer den Jahresschlussgottesdienst am Abend des 31. Dezembers hält.

„Aber?" Denn ein „aber" wird es sicher geben. Und da kommt es auch schon.

„Aber ob ich mit Karl-Uwe wirklich gut zusammenarbeiten kann, bezweifle ich stark. Mir in der Weihnachtswoche zu helfen, hat er abgelehnt, doch dann hat er bei der Planung fürs Frühjahr gleich alle wichtigen Termine an sich gerissen: Er hält die Predigt zu Neujahr, die an Karfreitag, Ostern, Himmelfahrt und zu Pfingsten! Ich fühlte mich richtig an den Rand gedrängt!"

Ich kann Jonathans Unmut verstehen. „Was sagen denn die Ältesten dazu? Und du selbst, hast du dich denn nicht geäußert?“

Mein Mann zieht resigniert die Schultern hoch. „Ich wollte nicht, dass es gleich nach einem Machtkampf zwischen den Pastoren aussieht. Wir sind nicht Paulus und Apollos. Und schließlich hatte ich ja um einen Amtsbruder an meiner Seite gebeten. Ich habe nur das dumpfe Gefühl, der gute Karl-Uwe will sich der Gemeinde gegenüber als Hauptpastor profilieren. Zum Beispiel begrüßt er ja nun die Besucher des Neujahrsgottesdienstes statt meiner.“

Tröstend lege ich meine Hand auf die Jonathans. „Mach dir nichts draus! Ihr dient doch beide demselben Herrn, jeder mit seinen Gaben. Was die Gemeinde über eure Positionen denkt, ist doch ganz unwichtig. Hauptsache, ihr könnt euch beide in die Arbeit einbringen. Und ich weiß ganz genau, wie sehr deine anschaulichen Predigten geschätzt werden!“

„Du hast natürlich Recht, Marie. Ich weiß, dass ich kleinlich bin. Ich habe mir jedoch vorgestellt, dass wir gleichberechtigte Pastoren sind.“

„Das seid ihr auch“, betone ich. „Selbst wenn Karl-Uwe nun den Neujahrsgottesdienst hält. Du predigst dann doch sicher am ersten Sonntag im neuen Jahr.“

Jonathan nickt, aber richtig glücklich sieht er immer noch nicht aus. Mit der neuen Rollenverteilung muss er sich erst abfinden. Da habe ich plötzlich eine Idee, wie ich meinen Mann aufheitern kann: „Dir stehen doch noch ein paar Tage Urlaub zu! Wenn Herrmann wieder den Jahresschlussgottesdienst übernimmt und Karl-Uwe den am Neujahrsmorgen, könnten wir zwischen Weihnachten und Neujahr an die Schlei fahren! Die Kinder würden sich sicher freuen."

Jonathans Miene hellt sich auf. „Du meinst, das geht, Marie?"

„Natürlich geht das! In den Tagen zwischen Weihnachten und Neujahr finden sowieso keine Veranstaltungen statt, weil Ferien sind – kein Konfirmandenunterricht, kein Hauskreis, kein Seelsorgetermin. Also nimmst du da deinen Resturlaub statt im nächsten Jahr. Und im Übrigen ist ja noch Karl-Uwe da!" Ich lächle Jonathan an: „Ich finde, dass sich alles wunderbar fügt. Nimm diese paar Tage Ferien als unerwartetes Geschenk Gottes!"

* * *

Weihnachten wird wie immer sehr schön – trotz aller Hektik und allem Stress vorher. Jonathan sagt in seiner Predigt zur Christvesper, dass Jesus das beste Geschenk ist, das Gott uns Menschen machen konnte.

Weil das so ist und weil wir beide diese „Gabe" jedes Jahr aufs Neue voller Dankbarkeit annehmen, brauchen mein Mann und ich keine weiteren Weihnachtsgeschenke: Für uns ist das Freude genug. Den Kindern erfüllen wir natürlich einen Teil ihrer materiellen Wünsche, denn die vielen kleinen und großen Päckchen unter dem Weihnachtsbaum gehören für sie einfach zum Fest dazu.

Obwohl vorher keiner dem anderen etwas davon gesagt hat, finden sich diesmal auch zwei kleine Pakete mit meinem beziehungsweise Jonathans Namen unter den Geschenken, die für Suse und Max bereitliegen, und wie sich herausstellt, hängen beide mit Wunneby zusammen: Ich schenke Jonathan ein Segelboot – ein Minimodell zum Hinstellen, sozusagen als Vorgeschmack auf vielleicht kommende Freuden im Sommer –, Jonathan hat für mich ein kleines holzgerahmtes Bild mit schnatternden Gänsen gekauft. „Passend zum Landleben! Gesegnete Weihnachten, Marie!"

Auch Schwiegereltern steuern etwas zum zweiten Hausstand bei: Ich bekomme zwei kupferne Pfannen, Jonathan eine elektrische Bohrmaschine mit allen Finessen.

Am 27. Dezember fahren wir dann samt Katze Fifi hoch nach Wunneby, wie immer voll beladen. Fifi maunzt die ganze Zeit, denn Auto fahren mag sie nicht. Die Kinder stürzen ins Haus, hocken sich in ihren Winterjacken vor die Heizung, die langsam anläuft, und überlassen es uns, das Auto auszuladen. Auch dabei wird einem warm!

Ich hänge Jonathans Gänsebild über die Kommode und stelle mir vor, wie es erst aussehen wird, wenn hier eine große Kiefernvitrine steht und die orangefarbenen Segeltuchsessel samt Schlafcouch verschwunden sind.

In den letzten Tagen des alten Jahres erkunden wir dick vermummt die nähere Umgebung, denn in den Herbstferien sind wir wegen der Handwerker kaum aus dem Haus gekommen, und an den beiden Arbeitssamstagen mussten wir ja selbst Handwerker spielen.

Zu Suses Erleichterung ist der Sandstrand in unserer Bucht wieder aufgetaucht, wenn auch Pferd und Fohlen auf der Wiese vorm Haus für immer verschwunden bleiben. Wann und wo sie reiten kann, haben wir auch noch nicht geklärt und sie aufs nächste Jahr vertröstet. Wir wandern ein kurzes Stück an der Schlei entlang, biegen dann in einen Hohlweg ein und haben nach hundert Metern leichter Steigung einen herrlichen Rundblick über die Große Breite, die Feriensiedlung und das sanft gewellte Land ringsum.

„Wenn hier erst der Raps blüht, das gibt ein Bild!" Jonathan sieht das gelbe Blütenmeer förmlich vor sich, während Suse fröstelnd von einem Bein aufs andere tritt und Max schon ein Stück vorausgelaufen ist auf der Suche nach Hasen und Rehen, vielleicht auch Wölfen oder Löwen.

Außer uns ist weit und breit keine Menschenseele zu sehen.

„Herrlich, diese Einsamkeit", sagt Jonathan und drückt mich zärtlich an sich. „Kannst du dir vorstellen, wie schön es hier im Sommer sein wird?"

Ich kann. Wer in der Lage ist, sich die Scheußlichkeiten der jetzigen Möblierung wegzudenken und sich vorzustellen, wie schön unser Häuschen einmal sein wird, hat damit keinerlei Schwierigkeiten.

Mäxchen ruft. Er hat tatsächlich die Spur eines Wolfes gefunden! Jonathan lässt ihn in dem Glauben, obwohl es eindeutig Hundepfotenabdrücke sind. „Wahrscheinlich stammen sie von dem Hund der Zieglers", raunt er mir zu. „Ich hab sie vorhin ankommen sehen."

„Was, Zieglers haben einen Hund?" Suse lebt sichtlich auf.

„Vielleicht kann ich den mal ausführen! Was ist es denn für einer?"

„Soweit ich das auf die Entfernung feststellen konnte, ein Schäferhundmischling", sagt Jonathan.

„Und Zieglers, wie sind die?", frage ich neugierig.

„Er – schon älter, wohl beleibt und gut betucht, sie – zwanzig Jahre jünger, blond und gleichfalls gut betucht", liefert Jonathan eine Kurzfassung seiner Beobachtungen.

Rolffs sind auch zu Silvester angereist.

„Das ist die zweite Frau Ziegler", erfahre ich von Frau Rolff, meiner nie versiegenden Informationsquelle. Sie weiß auch, wer mit wem gerade verkracht ist und dass die Freundin von Herrn S. nun doch nicht hierherziehen möchte und das Haus deshalb vermietet werden soll.

Mich interessiert viel mehr „die zweite Frau Ziegler", denn die ist immerhin in meinem Alter. Wie ich schnell feststelle, ist das aber auch das einzige Gemeinsame zwischen uns, abgesehen von der Haarfarbe, obwohl ich den Verdacht hege, dass beim Zieglerschen Blond ein wenig nachgeholfen wurde. Während ich in Gummistiefeln, alten Jeans, Norwegerpullover und Öljacke durch die Gegend wandere, trägt Frau Ziegler Nerz. Sie kauft auch nicht selbst bei unserem Hansen ein, sondern lässt die Lebensmittel liefern. Nicht einmal Susannas Hoffnung erfüllt sich, mit Rex spazierengehen zu dürfen. Rex wird ganz offensichtlich nicht ausgeführt, sondern stromert unbeaufsichtigt durch die Gegend, was etliche Hundehaufen in unserem Garten belegen.

„Betrachte es als Dünger", meint Jonathan, der nicht gleich wegen einer solchen „Kleinigkeit" unsere Nachbarn ansprechen will.

„Kleinigkeit ist gut! Hast du dir mal angesehen, was für Mengen Rex produziert? Wart nur ab, bis du mal mitten reingetreten bist!"

„Ach, das musst du nicht so eng sehen, Marie", versucht Jonathan, mich zu beschwichtigen. „Jetzt im Winter sind wir ja sowieso nicht im Garten!"

„Und im Sommer?", kontere ich. „Glaubst du etwa, das Vieh stellt seine Verdauungsgewohnheiten nach den Jahreszeiten um?!"

„Rex ist kein Vieh! Du bist gemein, Marie!", empört sich Susanna und enthebt damit ihren Vater einer Antwort. Wenn sich Suse über mich ärgert, bin ich immer Marie und nicht mehr „Mama".

Kurz darauf rufe ich Max vom Ballspielen herein.

„Was riecht hier denn so?", fragt Jonathan und schnuppert.

Ich halte ihm Mäxchens Gummistiefel hin, an denen eindeutig Hundedreck klebt.

„Du siehst das ja nicht so eng", sage ich freundlich. „Dann macht es dir sicher auch nichts aus, Rexs' Hinterlassenschaft zu beseitigen!"

Nach dem Abendbrot bringe ich Mäxchen ins Bett, lese ihm noch eine Geschichte vor und bete mit ihm. „Schlaf schön!"

Dann machen wir es uns gemütlich – soweit die Rede davon sein kann, wenn man in einer Segeltuchbahn zwanzig Zentimeter über dem Erdboden hängt.

„Es wird Zeit, dass diese Sessel endlich verschwinden", seufzt Jonathan. Susanna hat die Schlafcouch okkupiert, die zwar hässlich, aber recht bequem ist. Sie lümmelt sich über die gesamte Sitzfläche und steckt die Nase in ihr neuestes Pferdebuch. Wir haben gerade eine einigermaßen erträgliche Sitzstellung gefunden, als uns ein wildes Gekläff direkt vor unserem Terrassenfenster hochschreckt. Auch Suse, die von uns allen die besten Ohren hat, springt auf.

„Das war Fifi!", ruft sie erregt.

„Ich finde, das klingt viel mehr wie Rex", äußert Jonathan und handelt sich einen tödlichen Blick seiner Tochter ein.

„Ich hab's genau gehört: Fifi hat gemaunzt!"

Und tatsächlich: Der liebe Rex hat Suses Katze auf die höchste Fichte unseres Grundstücks gejagt. Sehen können wir sie nicht, denn das Sprichwort „In der Nacht sind alle Katzen grau", trifft definitiv nicht zu: Schwarze Katzen bleiben schwarz und werden somit nach Hereinbrechen der Dunkelheit unsichtbar. Aber Rex, der direkt unter dem Baum Posten bezogen hat und wie ein Irrer bellt, und Fifis schrilles Klagen irgendwo hoch oben sind aufschlussreich genug. Jonathan bemüht sich nach Kräften, aber vergeblich, den Hund wegzulocken.

„Komm, hol's Stöckchen, Rex, hol's Stöckchen!"

Schließlich hat Max, den das zweistimmige Konzert aus dem Bett geholt hat, die rettende Idee: Er bringt eine halbe Mettwurst aus dem Kühlschrank, die wir dem guten Zweck opfern. Jonathan lässt Rex daran schnuppern und wirft den Leckerbissen weit von sich. Damit sind wir den Hund los, aber Fifi hockt noch immer verängstigt auf dem Baum und weigert sich herunterzukommen. Jonathan bleibt nichts anderes übrig, als sich von Rolffs eine Leiter zu leihen und für Fifi Feuerwehrmann zu spielen. Dabei holt er sich eine üble Schramme. Suse hat keinen Blick für den verwundeten Retter, sie trägt tränenüberströmt ihre Katze ins Haus.

„Undankbares Kind", murmelt Jonathan. „Tut gerade so, als sei ihr Liebling zerfleischt worden. Die Katze hat keinen Kratzer, nur ich!"

Abgesehen von der Tatsache, dass wir fast täglich in Hundekot treten und Rex Fifi jagt, sobald er sie sieht, verlaufen die Tage zwischen Weihnachten und Neujahr recht friedlich.

„Diese Hetzjagden tun der Katze ganz gut, sie wird sowieso zu dick", behauptet Jonathan, worauf Suse nicht mehr mit ihm spricht. Wozu Hundedreck an Schuhsohlen gut ist, bleibt allerdings ungeklärt.

Silvester essen wir Fondue, spielen zu dritt Karten, retten gegen 22 Uhr Fifi vor Rex, diesmal aus der Kirsche und ohne Rolffs Leiter – Einbuße: ein Leberwurstzipfel –, wecken Mäxchen kurz nach halb zwölf und stoßen um Mitternacht mit Sekt und Orangensaft an: „Prost Neujahr!"

Was wird das neue Jahr bringen?

Zunächst natürlich das übliche Feuerwerk. Max ist jetzt hellwach und begeistert sich an den bunten Leuchtkugeln, dem Feuerregen und den funkensprühenden Raketen, die in den Nachthimmel über Schleswig zischen und in der Schlei zu versinken scheinen.

„Ich wünsche dir ein gesegnetes neues Jahr, Marie!", sagt Jonathan und küsst mich. „Viel Kraft und Gottes Beistand bei allem, was du tun musst." Und mit einem Blick auf unsere beiden Sprösslinge: „Und natürlich liebe Kinder. Einen lieben Mann hast du ja schon", fügt er augenzwinkernd hinzu.

„Dir viel Freude an der Arbeit", sage ich und präzisiere: „Vor allem: keine Kompetenzkämpfe mit Karl-Uwe, sondern ein harmonisches Miteinander. Natürlich auch eine liebe Familie.“

Ein Teil der Familie hüpft ungeduldig um uns herum: Mäxchen will jetzt nach draußen und seinen Beitrag zum Feuerwerk leisten. Unter unserer Aufsicht darf er ein paar Piepmantsche knallen lassen. Suse verzichtet auf weiteres Feuerwerk, sie sitzt neben Fifi in der äußersten Wohnzimmerecke, wohin sich das arme Tier – verschreckt von all dem Lärm – verkrochen hat.

Draußen treffen wir Rolffs, Zieglers und noch andere Bewohner der Feriensiedlung, die alle meinen, von der Wiese vor unserem Haus habe man den besten Blick auf das Spektakel. Jeder wünscht jedem ein „Frohes neues Jahr“, und vielleicht ist das sogar ernst gemeint. Jonathan jedenfalls streichelt das Untier Rex, das schwanzwedelnd an ihm herumschnuppert. Wahrscheinlich erinnert sich der Hund, wer ihm zu Mett- und Leberwurst verholfen hat und hofft auf weitere gute Gaben.

So hat das neue Jahr für alle hier Versammelten in Frieden und Eintracht begonnen. Erst am zweiten Januar jagt Rex Fifi wieder die Fichte hinauf, und Jonathan sagt voller Inbrunst: „Blöder Köter!“

Märzvergnügen

Zu Hause gibt es dann den ersten Ärger: Es ist aufgefallen, dass wir nicht im Neujahrsgottesdienst waren.

„Das geht nicht, lieber Jonathan", rügt Herrmann. „Natürlich standen dir noch ein paar Tage Urlaub zu, aber Neujahr hättest du da sein müssen, auch wenn du nicht zu predigen hattest. Du bist nun mal genauso wie Karl-Uwe Pastor der Gemeinde, und als Pastor hättest du die Gemeindemitglieder zu Neujahr begrüßen müssen!"

„Nun, ich dachte, das sei die Aufgabe des Hauptpastors. Und das ist ja wohl jetzt eindeutig Karl-Uwe", kontert Jonathan. „Er hält schließlich mit dem Einverständnis der Ältesten alle Predigten zu den Kirchenfesten."

Hermann begreift den leisen Vorwurf. „Äh, ja. Nun, lieber Bruder, das ist vielleicht tatsächlich nicht so glücklich. Aber darüber können wir auf der nächsten Ältestensitzung noch einmal sprechen. Ich bin sicher, wir finden einen Weg, der alle zufrieden stellt."

„Das würde mich freuen", sagt Jonathan schlicht.

„Aber dass wir uns richtig verstehen: Grundsätzlich besteht natürlich für dich Anwesenheitspflicht am Sonntag, auch wenn Karl-Uwe predigt", betont Herrmann.

„Natürlich."

„Es sei denn, du hast Urlaub."

„Natürlich", sagt Jonathan noch einmal.

Fünfunddreißig Tage Urlaub im Jahr stehen ihm zu,

inklusive der Sonntage, das sind also genau fünf Wochen. Die wollen gut verteilt sein. In diesem Jahr wollen wir vierzehn Tage Urlaub im März machen, um das Häuschen fertig einzurichten, dann zwei Wochen im Sommer und eine Woche im Herbst. Damit ist unser Kontingent dann ausgeschöpft. Aber an den Samstagen können wir natürlich ab und an nach Wunneby fahren, wenn Jonathan dafür auf seinen freien Montag verzichtet.

Die Kinder wünschen sich einen „richtigen" Winter. Max hofft darauf, dass viel Schnee fällt, damit er einen Schneemann bauen und Schlitten fahren kann, Susanna wartet auf zugefrorene Teiche zum Schlittschuhlaufen. Jonathan und mir ist es natürlich lieber, die Straßen bleiben eisfrei und wir müssen keine Berge von Schnee vom Gehweg schaufeln.

Dieses Jahr erfüllt sich der Wunsch der Erwachsenen: Es gibt so gut wie keinen Schnee und gar kein Eis, Rodeln und Schlittschuhlaufen fallen flach, und Mäxchens Schneemann wird nur ein Männchen. Den ganzen Januar und Februar über ist es für die Jahreszeit zu milde. Das freut besonders Pastor Wesskamp und seine Familie, denn damit kann schon jetzt mit dem Bau ihres Häuschens in unserem Hintergarten begonnen werden. Das Fundament wird ausgehoben, und ruckzuck steht das Skelett des Hauses, der Vorteil des Fertigbaus. Bereits nach vierzehn Tagen kann Richtfest gefeiert werden. Es fehlen allerdings noch die Wandverkleidungen, und innen müssen sämtliche Installationsarbeiten erledigt werden, ehe das Haus bezugsfertig ist.

Anfang März haben die Kinder in Hamburg Ferien

und Jonathan seinen ersten Urlaub in diesem Jahr. Damit entgehen wir der regen Bautätigkeit auf unserem Grundstück und können gleichzeitig unser Ferienhäuschen neu möblieren. Denn inzwischen haben wir alle größeren Möbel für Wunneby beisammen, und Opa, der sich freiwillig als Hilfsmann angeboten hat, erklärt den Boden für frostfrei und bepflanzbar. Als eifriger Hobbygärtner hat er auch schon diverse Sträucher aus seinem Garten ausgegraben, um sie nach Wunneby zu verpflanzen.

Jonathan mietet also am Wochenende für zwei Tage einen Laster für den Transport und steigt in den Keller, wo sich inzwischen ein halbes Möbellager befindet, um einen genauen Plan zu zeichnen, wie die einzelnen Stücke der Einrichtung zu verladen sind.

„Zuerst muss das Sofa hinein – quer vor die Rückwand –, darauf stellen wir den Wohnzimmertisch, Beine nach oben. An die linke Seitenwand rücken wir den Vitrinenschrank. Dann können die Sessel davor. Mein Schreibtisch kommt auf die andere Seite – die Beine schrauben wir ab –, dann ist in der Mitte noch genügend Platz für den Esstisch und die Stühle. Unsere Bettgestelle sind ja noch in Kartons, die kommen flach obendrauf", erläutert er Schwiegervater und mir die Skizze. Es ist alles wirklich fabelhaft durchdacht. Nur leider ist der Vitrinenschrank genau viereinhalb Zentimeter höher als der Innenraum des Fahrzeugs, und damit wird Jonathans ganzer schöner Plan hinfällig.

Wir schleppen keuchend die Möbel aus dem Keller – „Pass auf, die Tür!" „Halt, absetzen!" „Geh aus dem Weg, Max!" –, laden ein, rücken zurecht, laden wieder aus, versuchen andere Staumethoden – Vitrine auf dem Rücken, Sofa an der Längswand, Schreibtisch obenauf – und haben es schließlich nach anderthalb Stunden harter Arbeit geschafft. Ich wanke in die Küche, um einen Kaffee zu kochen, während Jonathan den Katzenkorb mit Fifi und Opas Pflanzen zwischen die Möbel quetscht. Für Mäxchen ist leider kein Platz mehr auf den Fahrsitzen, höchstens auf meinem Schoß, was Jonathan aber nicht sicher genug erscheint. Nach reiflicher Überlegung entscheidet er sich für eine unkonventionelle Lösung des Problems.

„Alles klar", sagt er, nachdem er Max mit einem Springseil in einem der Sessel des Möbellagers festgebunden hat. „Wir können starten!"

Wir bitten Gott um eine bewahrte Fahrt, und abgesehen davon, dass Fifi die ganze Zeit über maunzt und Mäxchen sich mitten auf der Autobahn von seinem „Sicherheitsgurt" befreit und hinter unserem Rücken auf dem Möbelberg herumturnt, verläuft die Fahrt wirklich problemlos.

Der Laster hält neben dem Grundstück.

„Voilá, da sind wir!" Jonathan macht eine weitausholende Geste, die das Ferienhaus, die Schlei und die übrige Landschaft umfasst.

Opa nickt anerkennend. „Nettes Häuschen, nette Gegend!"

Doch als er den rückwärtigen Garten sieht, macht er ein bedenkliches Gesicht.

„Der Boden ist ja ganz vermoost!"

Uns stört das nicht. Im Gegenteil, wir finden das sehr praktisch: Was sollen wir mit englischem Rasen, wo Max hier so gern Fußball spielt? Und wer sollte das Gras mähen, damit es in den Zeiten längerer Abwesenheit keine schwindelerregenden Höhen erreicht?

„Wird aber nicht viel wachsen, bei dem Boden", befürchtet Opa.

„Nun lasst uns erst mal ausladen", verlangt Jonathan.

Und wieder geht es ans Möbelschleppen. Ächzend tragen wir die große Vitrine an die freie Wand im Wohnzimmer. „Die Glastüren hängen wir später ein", sagt Jonathan und trägt die ungemütlichen Segeltuchsessel in den Garten. Vorsichtig heben wir die gläsernen Vitrinentüren aus dem Wagen, die Mäxchens Kletterei unbeschadet überstanden haben. Opa lehnt sie ans Hinterrad, um beim Sofa mit anzufassen, dessen Liegefläche Jonathans Länge entspricht und das aufgrund seiner Größe natürlich auch ein entsprechendes Gewicht hat.

„Hau ruck!", gibt Opa das Kommando, hebt an, macht sofabeladen einen Schritt zur Seite und stößt gegen die abgestellten Glastüren. Peng! liegt die erste im Gras – genauer gesagt: im Moos – und ist trotz des weichen Untergrundes in zwei Teile zersprungen. Schweigend setzen wir unsere Last wieder ab.

„Tut mir Leid, mien Deern, das is' Künstlerpech", bedauert Opa sein Missgeschick. „Suchst dir 'n Glaser, der setzt dir 'ne neue Scheibe ein."

Wir laden die übrige Einrichtung aus, müssen nun aber erst die alten Möbel in den Laster verfrachten, damit für die neuen Platz ist. Jonathan wirft einen besorgten Blick zum Himmel. „Hoffentlich regnet es nicht, bevor wir fertig sind!"

Der Esstisch mit der Resopalplatte und die eicheimitierten Stühle wandern nach draußen, im Gegenzug rücken unser runder Kiefernesstisch mit dicker, massiver Platte und sechs Kiefernstühle, für die ich blauweiße Polsterkissen genäht habe, an ihre Stelle. Jonathans Schreibtisch kommt nach oben in unser Schlafzimmer, was bei der steilen Treppe ein nicht ganz einfaches Unterfangen ist. Opa wischt sich mit einem Taschentuch das schweißglänzende Gesicht. Aber eine Pause können wir uns nicht leisten, denn es bezieht sich zusehends, und die Polstermöbel stehen noch draußen.

„Jetzt muss das Monstrum von Schlafsofa raus, damit die Couch rein kann!"

Wir holen tief Luft für diese letzte schwere Aufgabe. Opa bückt sich, fasst aufstöhnend an sein verlängertes Rückgrat und verharrt in dieser zusammengekrümmten Haltung.

„Hexenschuss", krächzt er. Auch das noch! Ich weiß nicht, wen ich mehr bedauern soll: den armen Opa oder Jonathan und mich, die wir den Riesenklotz vor uns nun allein hinaustragen und auch noch auf den Lastwagen hieven müssen.

„Ich helf dir, Mama!", erklärt Max sofort.

Zum Glück findet Jonathan in Herrn Silberling, dem einzigen Ferienhausbesitzer, der an diesem Märzwochenende außer uns da zu sein scheint, einen kompetenteren Helfer.

Als alles an Ort und Stelle steht, genehmigen sich die Herren zwei wohlverdiente „Flens", während ich mich ans Essenkochen mache. Denn Flüssignahrung allein hält Leib und Seele nicht zusammen.

Schließlich sinke ich ermattet auf den nächstbesten Stuhl. Jetzt erst komme ich dazu, die Früchte all unserer Anstrengungen zu genießen und das Bild, das sich mir bietet, in mich aufzunehmen: Die ganze Einrichtung besteht nun – passend zur Holzverkleidung der Wände und Decken – einheitlich aus Kiefernmöbeln. Unter der Dachschräge stehen das große Sofa für Jonathan und ein kleiner Beistelltisch, davor der längliche Wohnzimmertisch mit besonders schöner Maserung und die Sessel. Die Polster sind wie die Vorhänge aus naturfarbenem Leinen, was zwar nicht praktisch ist, wenn ich an Mäxchens marmeladebeschmierte Finger und seinen meist sandigen Hosenboden denke, aber schon immer mein Traum waren. Auf das Tischchen in der Ecke sollen eine Leselampe und ein kleiner Fernseher – ein Zugeständnis an die liebste Freizeitbeschäftigung unserer Kinder. Die Längswand nimmt die Vitrine ein, die auch mit nur einer Glastür einfach prachtvoll aussieht.

Der Esstisch, an dem ich sitze, steht schräg davor und ist nur wenige Meter von meiner Küchenzeile entfernt, wo unser Eintopf auf dem Herd vor sich hinköchelt.

Herr Silberling trinkt sein Bier aus, erhebt sich aus der Sofaecke und verabschiedet sich bedauernd: „Meine Frau wartet mit dem Mittagessen!"

Auch wir wollen essen, Opa wankt gebückt an den Tisch. Danach zu fragen, wie es seinem Rücken geht, erübrigt sich. Trotzdem will er am Nachmittag im Garten pflanzen, wenn es nicht regnet.

„Aber Opa, das kannst du doch gar nicht mit deinem Hexenschuss!"

„Wat mut, dat mut", antwortet Opa hart gegen sich selbst. „Schließlich müssen die Pflanzen in die Erde, und beim Graben steh ich ja sowieso vornübergebeugt!"

Mir tut Opa Leid. Ich kann ihm nicht mal ein ABC-Pflaster auf den Rücken kleben, denn sowas haben wir zwar zu Hause, aber nicht hier.

„Lass man, mien Deern, es wird schon gehen", behauptet Opa. „Wer den zweiten Weltkrieg mitgemacht hat, schafft auch das, Hexenschuss hin oder her."

Tatsächlich marschiert er mit Jonathan nach dem Mittagessen nach draußen – gekrümmt, aber ungebrochen.

Beim Abwaschen sehe ich die beiden durch mein Fenster das Grundstück abgehen: Jonathan in normaler Größe, Opa mit vorgerecktem Oberkörper auf zwei Drittel geschrumpft. Sie suchen die besten Standorte für die mitgebrachten Sträucher, denn außer Kiefern, Heckenrosen und einigen Weiden als Randbepflanzung ist der Garten ziemlich kahl.

Anschließend räume ich Mäxchens Kommode aus, in der bisher mein Geschirr untergebracht war, und richte die Vitrine ein. Darauf habe ich mich schon seit Wochen gefreut! Zufrieden betrachte ich mein Werk. Die alten geerbten Gläser, die handbemalten Teller und Tassen, der Trockenstrauß und die Kerzenleuchter machen sich wirklich gut! Vielleicht hat Opa ja auch noch ein bisschen frisches Grün, das ich auf den Tisch stellen kann?!

Ich gehe hinaus, um nach meinen beiden „Gärtnern" zu sehen. Sie haben inzwischen Verstärkung bekommen: Mäxchen. Jonathan gräbt mit dem Spaten ein großes Loch neben der Terrasse, was ihm nach seinem Gesichtsausdruck zu urteilen wenig Freude macht,

Opa kniet auf dem Boden, klaubt faustgroße Steine aus schon geschaufelten Löchern heraus, die Max dann in seine Schubkarre lädt, und flucht und stöhnt abwechselnd vor sich hin.

„Dieser Boden ist das Letzte, das Allerletzte!“, knurrt er wütend. „Bretthart Lehm, kaum Humus, aber Steine noch und nöcher! Wie kann das bloß angehn?!“

„Das ist ganz einfach: Die ganze Ferienhaussiedlung wurde auf einer ehemaligen Kiesgrube gebaut“, kläre ich meinen Schwiegervater auf. Ich weiß dies von Frau Rolff, die mich bei jedem Zusammentreffen mit neuen Informationen versieht.

Opa starrt mich ungläubig an. „Seid ihr noch zu retten?!“, schimpft er los. „Kauft eine Kiesgrube!“ Dann folgt ein nicht druckreifer Fluch.

Mäxchen, vor wenigen Tagen fünf geworden, spitzt die Ohren. Ich bin sicher, dass er das soeben Gehörte sofort seinem Wortschatz einverleibt und bei nächster Gelegenheit zum Besten geben wird. Seine Kindergärtnerin wird sich freuen!

Jonathan gesellt sich zu uns, sein Gesicht ist finster. „Hier zu graben kommt mir vor wie der Frondienst im alten Ägypten! Man kommt einfach nicht tief genug. Guck dir bloß mal meine Hände an!“

Die ersten Blasen sind nicht zu übersehen.

„Ihr könnt ja mal eine Pause machen“, schlage ich vor.

„Ne, ne, ich komm so schwer hoch. Lasst mich man weiterwerkeln“, sagt Opa und kriecht auf allen vieren zum nächsten Loch.

Zum Kaffeetrinken müssen Jonathan und ich Opa von jeder Seite unter die Achseln greifen und ihn so vorsichtig ins Haus bugsieren. Max kann seinen Wortschatz ein zweites Mal erweitern ...

Auch am nächsten Tag hat sich sein Hexenschuss noch nicht gebessert. So fahren wir ohne Opa zur Wunnebyer Kirche. Pastor Behrmann freut sich, dass wir wieder einmal seinen Gottesdienst besuchen. Opa ruht sich derweil zu Hause auf dem Sofa aus, Mäxchen haben wir in seine Obhut gegeben. Oder ist es umgekehrt?

Zum Mittagessen rappelt sich Opa mit unserer Hilfe mühsam hoch und ist auch nicht davon abzubringen, anschließend weiter im Garten zu arbeiten. „Ich will ja fertig werden, hilft alles nichts!"

So begeben sich meine drei Männer wieder nach draußen, während ich abwasche, saubermache und Opas Siebensachen zusammenpacke. Zwischendurch werfe ich ab und zu durch das Fenster einen Blick in den Garten: Opa scheint mittlerweile auf ein Drittel seiner normalen Größe geschrumpft. Aber am Abend haben sie erfolgreich sämtliche Sträucher und neben dem Eingang eine kleine Eibe gepflanzt.

Die Kinder und ich verabschieden uns von Opa und kurzfristig auch von Jonathan, der seinen Vater und den Laster nach Hamburg zurückbringt und morgen mit unserem Wagen wieder hochfährt.

Vorsichtig verfrachten wir den lädierten Opa in den Laster.

„Joijoijoi", stöhnt der Senior und wirft einen letzten Blick auf den nun angelegten Garten. Der Junior hofft auf weitere Kraftausdrücke, wird aber diesmal enttäuscht. „Ostern seid ihr ja nicht hier, sondern zu Hause in eurer Gemeinde", meint Opa lediglich. „Aber in zirka sechs Wochen müsst ihr unbedingt wieder her, und wenn es nur für einen Tag ist, und nach den Pflanzen sehen!", verlangt er.

„Machen wir", verspreche ich und sehe mich nach meinem Mann um, der noch mal ins Haus gegangen ist.

„Das ist aber schade, Mama, dass wir Ostern nicht hier sind", meint Mäxchen. „Dann kann ich ja gar keine Eier im Garten suchen!"

Unser Garten in Hamburg ist fast gänzlich dem Fundament des zweiten Pastorenhauses zum Opfer gefallen, und der klägliche Rest von den Arbeitern völlig zertrampelt: kein geeignetes Terrain zum Ostereierverstecken.

„Das könntest du in Wunneby wahrscheinlich auch nicht", sage ich zu Max. „Frau Rolff hat mir erzählt, dass Zieglers alljährlich zu Ostern hochfahren, mit Rex natürlich. Dann müsstest du schon sehr genau hinsehen, was Schokoladeneier sind und was nicht!"

„Igitt!", ist Suses einziger Kommentar. Doch das bringt Opa auf eine glänzende Idee: „'n büschen Dünger wär gar nicht schlecht! Was haltet ihr von Pferdemist?"

Berti

Am nächsten Mittag ist Jonathan wieder da.

„Wann kann ich denn nun reiten?“, fragt Suse. „Ihr habt es versprochen!“ Jetzt, wo drinnen und draußen alles fertig ist, erwartet sie, dass wir unser Ferienhaus zu seinem eigentlichen Zweck nutzen: zum Ferien machen, und das heißt für sie: reiten.

„Gut, gehen wir auf Entdeckungsreise“, stimmt ihr Vater zu.

Zuerst spazieren wir natürlich wieder an der Schlei entlang bis zum Hohlweg, von dessen Anhöhe aus man den herrlichen Blick hat, schlagen einen Bogen bis zur kleinen Wunnebyer Kirche und wandern auf der Landstraße zur Großen Breite zurück. Da hier bekanntermaßen kein Reitstall an der Wegstrecke liegt, bleibt Suse zu Hause.

Wir wandern auch zum Fähranleger nach Missunde, aber nicht über die Hauptstraße, sondern über den Margarethenwall an der Feldmark entlang. Und hier entdeckt Suse auf der Weide vor einem Bauernhof drei zottelige Ponys, die von nun an regelmäßig mit unserem alten Brot gefüttert werden. Natürlich drängt Suse ihren Vater, den Bauern zu fragen, ob sie nicht ab und zu auf den Tieren reiten könne. Sie bekommt die Erlaubnis, aber dann ist es nicht ganz das, was sie sich vorgestellt hat: Selbst beim größten Pony schleifen ihre Beine fast auf dem Boden, und Lenchen – so der Name des Tiers – benimmt sich eher wie ein Esel, denn wie ein Pferd.

Also bleibt es beim Füttern und Striegeln, zum Reiten müssen wir nach einer anderen Lösung suchen. Leider betreiben die Wunnebyer Bauern in erster Linie Ackerbau und Viehzucht, einen richtigen Reitstall haben wir noch nicht entdeckt, aber wir haben auch noch nicht alle Dörfer der weiteren Umgebung abgegrast.

Jonathan möchte gern einmal die Schlei in ihrer gesamten Länge von vierzig Kilometern bis zur Schleimündung hinauffahren, dabei besichtigen wir die alten Museumsschiffe im Hafen von Kappeln und kaufen dort trotz Mäxchens Protest frischen Fisch, spazieren durch Arnis, der kleinsten Stadt Deutschlands, wo fast jedes Haus ein Foto lohnt, und begeistern uns an den Ausblicken auf die immer wieder andersartige Schlei.

Das heißt, Jonathan und ich sind begeistert, die Kinder eher lustlos. „Ich will Fußball spielen!", verkündet Max mit schöner Regelmäßigkeit ungefähr alle zehn Schritte, und Suse wird immer langsamer, wo sie doch eigentlich reiten wollte und noch immer kein geeignetes Pferd in Sicht ist. „Mir tun die Füße weh! Wo wollt ihr denn noch überall hin?"

„Morgen zum Beispiel nach Schleswig", erklärt Jonathan und fügt mit einem Seitenblick auf seine fußkranke Tochter hinzu: „Sofern du dich zu einem Einkaufsbummel aufraffen kannst!" Das hilft. Suse lebt sichtlich auf, die müden Füße auch. Jonathan zwinkert mir zu. Er weiß, wie er unsere Große aus der Reserve locken kann.

„Bei der Gelegenheit können wir uns dann auch den Dom ansehen", sagt er so beiläufig wie möglich und zückt seinen Städteführer: „Der St.-Peter-Dom ist das Wahrzeichen Schleswigs. Besonders beeindruckend: der Bordesholmer Altar aus dem 16. Jahrhundert, der von Hans Brüggemann geschaffen wurde. Er ist mit 394 kunstvoll geschnitzten Eichenfiguren verziert."

Suse verdreht die Augen. Aber mit einer Jeans oder einem Rollkragenpulli aus einer der Schleswiger Boutiquen werden wir sie schon bei Laune halten können. Die Frage ist nur: Gehen wir erst einkaufen und dann besichtigen oder umgekehrt? Beginnen wir mit dem Dom, besteht die Gefahr, dass Suse ständig ungeduldig zum Aufbruch drängelt. Hat sie aber schon das gewünschte Kleidungsstück, braucht sie ja kein Wohlverhalten mehr an den Tag zu legen und wird vermutlich wieder nur desinteressiert hinter uns hertrotten ...

Doch dann ist Susanna so glücklich über ihre neue, mindestens zwei Nummern zu große Schlabberjacke – „Das trägt man so, Mama!" –, dass sie brav und widerspruchslos mit geradezu verklärtem Lächeln an unserer Seite durch den Dom wandelt. Sie ist sogar bereit, auch noch einen Bummel durch die Fischersiedlung am Holm anzuschließen. Nur Mäxchen hat keine Lust mehr. Die malerischen Häuschen, die sich um den kleinen Fischerfriedhof gruppieren, interessieren ihn nicht die Bohne. „Ich will aber Fußball spielen!"

Also erbarmt sich Jonathan und spielt den ganzen Nachmittag mit seinem Sohn im Garten Fußball. Ich kann mir gut vorstellen, wie sehr er es bedauert, dass man noch nicht surfen kann!

Am nächsten Vormittag fahren wir nach Haithabu.

„Das wird dir gefallen, Max!", meint Jonathan. „Da

kannst du sehen, wie die alten Wikinger gelebt haben!“

Es gefällt Max tatsächlich. Begeistert wandert er an meiner Hand von Vitrine zu Vitrine, kehrt immer wieder zu dem Schaukasten mit den alten Waffen zurück, fragt mir Löcher in den Bauch, will jede Einzelheit über Tauschgeschäfte, Raubzüge und Bootsbau klitzeklein erklärt haben und kann sich gar nicht losreißen von der Halle mit dem Nachbau des tausend Jahre alten Wikingerschiffes. Nun ist es sein Vater, der weiter möchte.

„Willst du lieber Fußball spielen?“, frage ich leise. Schließlich ist auch Mäxchens Informationsbedürfnis gestillt. Den ganzen Nachmittag über spielt er Wikinger, und Jonathans Zehen und Schienbeine werden geschont.

Aber vierzehn Tage sind lang, und es gibt nur noch wenig zu besichtigen, was sich auch für Max eignet. Selbst die Spielzeugausstellung im Museumstrakt des Gottorfer Schlosses erweist sich als Reinfall: Die meisten Schaukästen sind in Augenhöhe von Erwachsenen angebracht, und anfassen darf man grundsätzlich gar nichts.

Als Mäxchen doch einmal einen der tausend Zinnsoldaten, die die Schlacht bei Waterloo illustrieren, mit dem Finger berührt, weicht die Aufsichtsdame nicht mehr von unserer Seite. Misstrauisch beäugt sie unseren Sohn, ob der es wagen wird, noch einmal einen solchen Frevel zu begehen. Mit lahmen Armen vom vielen Hochheben (ich) und ziemlich enttäuscht (Max) verlassen wir die Ausstellung und verzichten vorerst auf weitere Vergnügungen dieser Art.

Zuhause in Wunneby erklärt Jonathan, er müsse schon mal die Predigt vorbereiten, die er nächsten Sonntag nach unserer Rückkehr halten muss, und verzieht sich ins Schlafzimmer an seinen Schreibtisch. So bleibt ihm das Fußballspielen mit dem Sohn erspart. Notgedrungen trollt sich Max allein nach draußen.

Eine halbe Stunde später klingelt es. Als ich öffne, stehen zwei Knaben vor der Tür: ein strahlender Max und – einen halben Kopf größer – ein weiterer Junge, kaugummikauend, mit strähnigem Haar und leicht schielendem Blick.

„Das ist Berti!“, verkündet Max. „Berti wohnt auch in der Siedlung, ganz oben. Wir spielen jetzt immer zusammen!“

„Das ist ja schön“, sage ich und meine es auch so. Berti sagt nichts.

„Willst du mit uns Mittag essen?“, frage ich freundlich.

Berti sieht mich ausdruckslos an. „Was gibt's denn?“, will er wissen.

„Frikadellen mit Erbsen und Möhren und Kartoffeln.“

Berti überlegt kurz und marschiert dann in seinen Gummistiefeln an mir vorbei zum Esstisch. Aha, offenbar nimmt er die Einladung an.

„Dann wascht euch mal die Hände, während ich den Tisch decke.“

Berti wirft mir einen schiefen Blick zu, verschwindet aber gehorsam mit Max im Badezimmer.

„Ich glaube, du bist erlöst“, teile ich Jonathan mit. „Max hat einen Freund gefunden, mit dem er Fußball spielen kann!“

Jonathan freut sich sichtlich. Er sieht auch großzügig über die Schmutzflecken hinweg, die Bertis Stiefel auf dem weißen Berberteppich hinterlassen haben, der einen Großteil der braunen Nadelfilzfliesen verdeckt.

Kaum habe ich aufgetragen, will Berti auch schon zulangen. „Moment noch", sagt Jonathan freundlich. „Wir beten immer vor dem Essen." Berti sieht misstrauisch auf unsere gefalteten Hände. Offenbar kann er sich nicht entschließen, es uns gleichzutun. Jonathan spricht ein kurzes Dankgebet für die Speisen, dann fangen wir an zu essen. Ich beschließe, genauso großzügig zu sein wie mein Mann und nichts zu Bertis Fingern zu sagen: Entweder ist Berti nur zur Gesellschaft mit ins Bad gegangen, oder der Dreck ist so dauerhaft, dass er von einmaligem Waschen nicht abgeht.

Während des Essens versuchen wir, ein nettes, harmloses Gespräch mit Mäxchens neuem Freund zu führen. Aber Berti antwortet nur selten und meist auch nur mit „mhh" oder „ne". Zu sehr ist er damit beschäftigt, die Frikadellen zu zermatschen und die Erbsen auf seinem Teller hin- und herzurollen. Immerhin erfahren wir, dass er mit Nachnamen Blaschke heißt und sechs ist.

Bertis Tischmanieren lassen leider sehr zu wünschen übrig: Er kaut mit offenem Mund, gurgelt mit der Milch und bohrt mit seinem Zeigefinger abwechselnd in den Frikadellen und seiner Nase. Im Gegensatz zu uns scheint das Mäxchen nicht zu stören. Na ja, beim Fußballspielen ist mangelnde Esskultur wohl nicht so wichtig. Ich beschließe allerdings, Berti so bald nicht wieder zum Essen einzuladen.

Offenbar haben die beiden Jungen viel Spaß draußen im Garten.

Während des Abwaschens sehe ich sie mit Mäxchens Fußball über das Moos flitzen und höre ab und zu den Schrei: „Tor!!"

Jonathan vertieft sich befriedigt in seine Zeitung. „Ist doch schön, dass Max jetzt einen Spielgefährten in seinem Alter hat!"

Diese Ansicht gerät auch nur leicht ins Wanken, als Jonathan beim Kaffeetrinken unter der Tischplatte in Bertis Kaugummi greift. „Igitt! Kann der Bengel sein Kaugummi nicht woanders hinkleben?!" „Was schlägst du vor?", frage ich säuerlich. „Hättest du es lieber unter der Türklinke oder auf deiner Zeitung?"

Immerhin befreit der „Bengel" Jonathan von sämtlichen sportlichen Aktivitäten, die sonst einen Großteil seiner Freizeit ausfüllten. Das stimmt milde.

Am nächsten Tag ist Berti wieder zur Stelle. Ich hoffe sehr, dass er sich zum Mittagessen nach Hause trollt, aber Frau Blaschke scheint mit Kochen nicht viel im Sinn zu haben.

„Bei uns gibt's nichts", behauptet Berti und setzt sich unaufgefordert an unseren Tisch. Seine Anwesenheit zeigt erste Früchte: Heute fabriziert auch Max mit seiner Milch große Blubberblasen, ganz wie sein „Vorbild". Immerhin klebt diesmal kein Kaugummi unter der Tischkante, wie Jonathan nach der Mahlzeit erleichtert feststellt. Das ist ja schon ein Fortschritt!

Auch Mäxchen macht „Fortschritte", in sprachlicher Hinsicht:

„Das war kein Tor!", höre ich ihn brüllen. „Du spinnst, du Arsch!"

Ich zucke zusammen. Diesen Ausdruck kann er nur von Berti haben!

Wir müssen unbedingt mit Max reden. Berti hat aber noch mehr auf Lager, wie wir schnell merken. „So'n Kack!", ist dabei noch eine der harmloseren Äußerungen.

Als Jonathan Max abends nichts mehr vorlesen will, weil es schon so spät ist, schreit Mäxchen wütend: „Dann hau doch ab, du alter Sack!"

Das reicht. Ich erkläre Max, warum wir eine solche Ausdrucksweise nicht dulden, und Jonathan ergreift seinerseits die Initiative. „Jetzt geh ich zu Blaschkes und rede mit Bertis Mutter!" Er nimmt seine Jacke und marschiert los.

Entmutigt kommt er wieder. „Hat keinen Zweck", sagt er kopfschüttelnd. „Berti ist seiner Mutter wie aus dem Gesicht geschnitten, wenn man mal davon absieht, dass sie noch einen Glimmstengel zwischen den Lippen hängen hat, den sie auch beim Reden nicht rausnimmt. Ihre Wortwahl steht der ihres Sohnes kaum nach. Und einen Herrn Blaschke gibt es offenbar nicht. Auch dass ich Pastor bin, wie ich beiläufig erwähnt habe, hat sie in keiner Weise beeindruckt."

„Dann bleibt nur eines: Wir müssen unbedingt Max den Umgang mit Berti verbieten", erkläre ich fest. Jonathan nickt. Doch sieht er mich entsetzt an, als ihm die Tragweite dieses Entschlusses bewusst wird: „Dann muss ich ja wieder stundenlang mit Max Fußball spielen!"

Wir einigen uns schließlich darauf, dass Max einen Tag lang nicht mit Berti spielen darf, wenn er üble Schimpfwörter gebraucht. So können wir zwar nicht verhindern, dass er sie lernt, aber wenigstens erreichen, dass er sie in unserer Gegenwart nicht benutzt.

Doch auch Bertis Ideenreichtum ist unerschöpflich: Es gibt bei uns Nudeln mit Hackfleischsoße zu Mittag, eins von Mäxchens Lieblingsessen. Ausnahmsweise ist Berti diesmal nicht zugegen, alles spricht also für eine harmonische Mahlzeit. Doch Mäxchen will nichts essen, jedenfalls keine Nudeln. Mir ist das völlig rätselhaft.

„Aber das isst du doch sonst so gern, Max!"

Mäxchen druckst ein bisschen herum, und dann kommt es heraus:

„Berti hat gesagt, ich bin ein feiger A –, also, ich bin feige", verbessert er schnell. „Und das stimmt gar nicht! Er hat gesagt: ‚Bist du doch! Du traust dich nicht, Regenwürmer zu essen!' Und da – da hab ich mich getraut", sagt Mäxchen kleinlaut und verzieht das Gesicht in der Erinnerung daran.

Ich bin wirklich empört, Jonathan lacht. „Das ist nicht so schlimm, Max! Es gibt Urwaldstämme, die ernähren sich dauernd von Würmern und Maden. Das ist sogar sehr eiweißhaltig, wenn ich mich nicht irre. Davon ist noch keiner gestorben! Ich hoffe nur, du lässt dich von diesem Berti nicht dazu verleiten, Hundedreck oder Pferdeäpfel oder etwas Ähnliches zu essen!"

Max schüttelt heftig den Kopf. „Bestimmt nicht!" Er sieht angewidert auf das Nudelgeringel auf seinem Teller. „Kann ich statt der Nudeln ein Brot haben?"

Er kann.

Doch Bertis Einfluss auf unseren Sohn reicht leider noch weiter.

In der Nacht wacht Max schreiend auf. „Die schwarze Hand! ‚Die schwarze Hand' will mich holen!"

„Du hast geträumt, Max", beruhige ich meinen Jüngsten. Zitternd vor Angst liegt er in seinem Bett.

„‚Schwarze Hand' – was ist das für ein Unsinn?", will Jonathan wissen. Max klärt uns auf. „‚Die schwarze Hand'", stammelt er, „also, das sind Gangster, die kommen und holen einen. Die sind ganz schwarz und haben einen großen, schwarzen Sack, da stecken sie ihre Gefangenen rein, hat Berti gesagt!"

„So ein Blödsinn!" Jonathan nimmt Max in den Arm. „Was dir Berti da erzählt hat, ist alles nicht wahr. Das hat er sich nur ausgedacht, um dir Angst einzujagen. Die einzige schwarze Hand, die es gibt, ist die von Berti, weil er sie nicht gewaschen hat!"

Wir decken Max gut zu und bleiben noch an seinem Bett, bis er wieder eingeschlafen ist.

„Warum muss das einzige Kind in der Siedlung, mit dem Max spielen kann, ausgerechnet ein Junge wie Berti sein?", wende ich mich im Wohnzimmer an Jonathan. Der weiß darauf auch keine Antwort.

„Der Junge kann ja nichts dafür, bei den Familienverhältnissen, aus denen er stammt", meint er nachdenklich. „Vielleicht bessert sich Bertis Verhalten ja durch den Umgang mit uns."

Diese Hoffnung kann man natürlich haben. Zumindest will ich dafür beten.

Als ich die Koffer für die Rückreise packe, will Mäxchen wissen, wann wir wieder nach Wunneby fahren.

„Im Mai", antworte ich zerstreut.

„Au fein, dann geh ich mit Berti angeln!" Mäxchens Sympathie für seinen Freund ist ungebrochen.

„Vielleicht kommt Berti im Mai gar nicht her?“, äußere ich vorsichtig.

„Wieso?“, kontert Max. „Berti braucht doch gar nicht extra zu kommen. Der wohnt doch das ganze Jahr über in dem Holzhaus. Wusstest du das nicht?“

Nur aus Liebe

Am Muttertag, dem zweiten Sonntag im Mai, wäre ich am liebsten gar nicht in Hamburg. Denn Jahr für Jahr besteht Schwiegermutter darauf, dass wir zum Mittagessen und Kaffee zu ihr kommen. Mir steht das jedes Mal bevor, denn die Besuche verlaufen trotz aller Bemühungen von Seiten der Kinder und mir selten harmonisch.

„Vielleicht können wir da was ändern", äußert Jonathan optimistisch, „wo doch Karl-Uwe predigt!"

Er bespricht sich mit den Ältesten, die seine Anwesenheit an diesem Sonntag nicht unbedingt für erforderlich halten – die Mütter stehen ja im Mittelpunkt – und ihm einen Tag Urlaub bewilligen.

„Jetzt können wir für ein ganzes Wochenende nach Wunneby fahren", freut sich Jonathan, da der Sonnabend ja ohnehin sein freier Tag geworden ist.

„Und deine Mutter?", frage ich besorgt. „Wird sie uns das nicht übel nehmen?"

Jonathan überlegt. Seiner Mutter ist es immer wichtig, dass es ihrem einzigen Sohn gut geht. Da er aber die letzten drei Sonntage gepredigt hat, wird sie es möglicherweise akzeptieren, dass er eine kleine Erholung vom Gemeindedienst braucht. Und so ist es in der Tat: Sie nimmt es klaglos hin, dass wir diesmal am Muttertag in Wunneby sind. Wir müssen nur versprechen, abends noch vorbeizuschauen, damit sie ihren Sohn in die Arme schließen kann. Frohgemut fahren wir an die Schlei.

Ich habe jetzt nur noch einen einzigen Wunsch: dass mir am Muttertag Berti erspart bleibt. Jonathan verspricht, dafür zu sorgen. Was er Berti am Samstag erzählt, weiß ich nicht, jedenfalls taucht Berti am Sonntag nicht auf. Dafür steht Max, der es nicht mehr abwarten kann, schon um zehn nach sechs neben meinem Bett und legt mir einen eigenhändig am Sonnabend gepflückten Wiesenstrauß auf die Bettdecke.

„Alles Liebe zum Muttertag!“, kräht er und weckt damit auch Jonathan auf.

„Schlaf noch ein bisschen, Marie. Die Kinder machen das Frühstück“, sagt der und scheucht Max hinaus.

Ich dusele tatsächlich wieder ein, bis ein Klirren zu mir hinaufdringt und Suses Stimme: „Pass doch auf, du Idiot!“

Danach fällt es mir schwer, im Bett zu bleiben, aber ich muss warten, bis die Kinder kommen und mich zum Frühstückstisch geleiten. Suse hat ihn sehr hübsch gedeckt und dazu das handbemalte Geschirr genommen, das normalerweise mehr zur Zierde in der Vitrine steht. Der Kaffeekanne fehlt der Deckel. Nun weiß ich auch, was zu Bruch gegangen ist.

„Ist doch nicht schlimm, Mama“, meint Max treuherzig. „Du nimmst doch sowieso immer die andere Kanne!“

Ich frage mich, wie das aussieht: eine handbemalte Kaffeekanne ohne Deckel als Schmuckstück einer Vitrine. Max hat Glück, dass man am Muttertag nicht schimpfen darf!

Bei den Brötchen konnten die Kinder nichts falsch machen, dafür schmeckt der Kaffee wie Abwaschwasser, und das Ei ist hart und kalt. Ich bin kein Freund von harten, kalten Eiern!

„Ich danke euch, ihr habt das alles sehr schön gemacht", sage ich und hoffe, dass mir Gott diese Notlüge verzeiht. Wie gut, dass Muttertag nur einmal im Jahr ist!

„Was willst du jetzt machen?", fragt Max nach dem Gottesdienst in der kleinen Wunnebyer Kirche, den er nur unter vielem Geseufze und unruhigem Hin- und Herrutschen hinter sich gebracht hat.

Die Kinder sehen mich erwartungsvoll an. Bei uns ist es Brauch, dass ich mir an meinem „Ehrentag" das Programm wünschen darf.

Ich denke kurz nach, dann sage ich: „Also, jetzt ist es elf. Ich würde heute Vormittag gern noch einen kleinen Spaziergang machen, natürlich nicht zu lang, damit ihr genügend Zeit habt, das Mittagessen vorzubereiten. Vielleicht zu den Zottelponies?"

Suse strahlt.

„Und nach dem Essen würde ich gern ein paar Fotos machen von Papi, wie er surft, und anschließend noch ein paar Bilder von Max beim Fußballspielen."

Jetzt strahlen auch Jonathan und Mäxchen. Ich weiß ja, wie gern mein Mann endlich sein Surfbrett zu Wasser lassen möchte, und nun ist es milde und tro cken, der Wind weht gerade richtig – nicht zu wenig und nicht zu viel –, und dann ist ausgerechnet Muttertag!

Leider müssen wir dann doch noch unser Programm umstellen, weil Suse Pech mit dem Mittagessen hat: Sie hat zwar die Pfanne mit den gefrorenen Hähnchen in den Ofen und den Schalter auf Heißluft gestellt, aber vergessen, die Temperatur zu wählen. So sind die Hähnchen auch noch um ein Uhr steinhart, und ich muss – wie schon so oft an den Muttertagen vergangener Jahre – Tränen trocknen.

„Macht nichts, Susanna", erklärt Jonathan großmütig, den die Aussicht auf seine Surfpremiere milde gestimmt hat. „Schließlich gibt es hier den ‚Wunnebyer Hof', da wollten Mama und ich schon immer mal essen!"

So sitzen wir also inmitten einem Dutzend anderer Mütter, die heute einmal nicht selbst kochen sollen, samt ihren Familien und warten aufs Essen. Der „Wunnebyer Hof" ist ein Familienbetrieb, und so wundert es niemanden, dass Küche und Bedienung dem Ansturm nicht ganz gewachsen sind. Jonathan sieht erst alle viertel Stunde, dann alle zehn Minuten und zum Schluss im Fünf-Minuten-Takt auf die Armbanduhr: Er will doch zum Surfen!

„Jetzt wäre auch unsere Hähnchenpfanne gar, wenn wir den Herd nachträglich noch angestellt hätten", seufzt er resigniert. Gegen halb drei wird auch uns serviert: „Guten Appetit!"

„Damit sparen wir das Kaffeetrinken, und du kannst gleich am Strand bleiben", versuche ich zu retten, was zu retten ist. Wir beeilen uns mit unseren Rouladen, dem Wiener Schnitzel und dem Kinderteller – Würstchen, Pommes frites mit Ketchup –, damit Jonathan noch zu seinem Vergnügen kommt.

Auf das Zuschauen muss ich leider verzichten, weil ja einer das Haus saubermachen und packen muss. Suse ist das nach den Aufregungen des heutigen Tages nicht mehr zuzumuten: Sie bewundert statt meiner ihren Vater beim Surfen, während Mäxchen eifrig im Sand buddelt.

Glücklich kehren die drei zum Abendbrot heim.

„Aber Mama, den Tisch wollte ich doch decken", sagt Suse ein bisschen vorwurfsvoll. Ich gebe mich schuldbewusst. „Ich hab das nur gemacht, weil wir ja gleich zurückmüssen nach Hamburg. Sonst wird es so spät, und du musst doch morgen früh wieder zur Schule!"

Das sieht Suse ein.

„Das war aber ein wirklich schöner Muttertag, nicht, Mami?!", sagt Max mit vollem Mund. Ich nicke. „Ein sehr schöner Muttertag!" Und das stimmt sogar: Welche Mutter wäre nicht glücklich, wenn sie ihre Lieben so zufrieden vor sich sieht?

„Na, was macht der Garten?", fragt Opa gespannt, als wir wieder zurück sind und Schwiegereltern den versprochenen Besuch abstatten.

„Alles bestens", sage ich schnell, denn ihm die Wahrheit zu sagen, bringe ich nicht übers Herz: Nur ungefähr ein Viertel der so mühsam in die Erde gebrachten Pflanzen ist angewachsen. Vielleicht können wir ja einen Gärtner beauftragen, einen Teil des Lehmbodens abzufahren, durch Humus zu ersetzen und die gleichen Sträucher anzupflanzen wie die von Opa, nur etwas größer?

Als Akt der Liebe ist diese kleine Täuschung sicher sogar einem Pastor erlaubt.

Sechs Tage später hat Jonathan Geburtstag. „Wie möchtest du den denn eigentlich feiern?", erkundige ich mich.

Jonathan überlegt. „Am liebsten würde ich wieder

nach Wunneby fahren", sagt er dann. Suse ist entsetzt: „Was, schon wieder?"

„Ich hätte am liebsten eine ganze Woche Urlaub genommen, dann hätten wir gleich dableiben können", sagt ihr Vater. „Aber da am Donnerstag Christi Himmelfahrt ist und ich den Gottesdienst halte, ging das natürlich nicht. Ich wüsste aber nicht, was dagegen spricht, wenn wir am Samstag noch mal hochfahren."

„Und die Gemeindemitglieder? Die möchten dir doch sicher gratulieren", wende ich ein in der Erinnerung an die Anrufe im letzten Jahr. „Und die Ältesten? Was werden die sagen, wenn du an deinem Geburtstag nicht da bist?"

„Herrmann habe ich natürlich schon gefragt", entgegnet Jonathan. „Der hatte durchaus Verständnis. Er meinte, wenn ich zu meinem Geburtstag ausbüxen wolle, sei das ganz allein meine Sache. Er hatte an seinem letzten Geburtstag fünfzig Gäste und war hinterher regelrecht geschafft. Und die Gemeinde kann mir am Sonntag gratulieren, da bin ich ja wieder da."

Damit ist alles festgelegt.

Am Samstagmorgen ist die Geburtstagsbescherung schon um acht Uhr, damit wir den Tag auch richtig nutzen können.

„Also, Papi, was möchtest du denn jetzt machen?", fragt Suse nach dem Frühstück und hofft, dass Jonathan keine Wanderung vorschlägt. Was für den Muttertag gilt, gilt auch für Vaters Geburtstag: Die Hauptperson darf bestimmen, wie der Ehrentag gestaltet werden soll. Doch Jonathan äußert prompt, was Suse befürchtet hat: „Ich bin für einen netten, kleinen Geburtstagsspaziergang!"

„Willst du nicht lieber surfen?“, versucht Susanna, das Unheil abzuwenden, denn wir sind durch die bisherigen Geburtstagsspaziergänge im Hamburger Umland gewarnt. Doch es gelingt nicht.

„Geht leider nicht, totale Flaute. Vielleicht frischt der Wind am Nachmittag noch auf, heute Vormittag lasst uns mal ein bisschen wandern und irgendwo ein Mittagspicknick machen.“

„Wandern“ trifft den Kern der Sache schon eher als „spazierengehen“. Innerlich seufzend schicken wir uns in das Unvermeidliche.

„Ich habe hier einen Rundweg aus der Karte herausgesucht“, sagt Jonathan und breitet diese auf dem Wohnzimmertisch aus. Der letzte Rundweg, den wir in den Märzferien hier gemacht hatten, endete vor dem Stall eines renovierten Bauernhauses, obwohl Jonathan steif und fest behauptete, nach seiner Karte würde ein öffentlicher Wanderweg genau hier durch diesen Hof verlaufen. Wir konnten ihn nur mit Mühe daran hindern, beim Besitzer nachzufragen, woher der die Genehmigung bekommen habe, sein Haus mitten auf einem öffentlichen Weg zu errichten und damit alle Wanderer zur Umkehr zu zwingen.

„Hinter Hestoft gibt es einen Weg, der direkt an der Schlei entlangführt. Wir können dann bei Süderholm links abbiegen, ungefähr fünfhundert Meter weiter kommen wir dann auf die Landstraße, die von Gallberg nach Hestoft zurückführt“, schließt Jonathan. Wir nicken ergeben.

„Und wie kommen wir nach Hestoft?“

Wer erwartet, dass Jonathan sagt „mit dem Auto“, der kennt ihn schlecht.

„Natürlich mit dem Fahrrad."

Klar, die Frage war auch nur rein rhetorisch.

Wir klettern also auf unsere Drahtesel, was Susanna verabscheut, weil sie schon jeden Werktag mit dem Rad zur Schule fahren muss. Es hilft ja alles nichts: Geburtstag ist Geburtstag.

Meist ist es in Norddeutschland ziemlich windig, und an der Schlei ganz besonders. Aus reiner Gewohnheit fahren wir also los in Jeans, Pullovern und Jacken. Zunächst ist der Himmel noch leicht bewölkt, nach vier Kilometern jedoch ist er wolkenlos und strahlendblau. Unsere Jacken klemmen längst unter den Gepäckträgern.

Jonathan pfeift ein fröhliches Lied und versäumt es nicht, uns ab und an auf die Reize der Landschaft aufmerksam zu machen. Nach weiteren zwei Kilometern nähern wir uns dem Startpunkt unserer Wanderung, und ich wünschte, ich hätte etwas Sommerliches an und nicht meine dicken Jeans. Suse geht es ebenso. Jonathan krempelt die Hemdsärmel auf, hält sein Gesicht der Sonne entgegen und atmet tief durch. „Schön hier, nicht?"

Dann schließen wir unsere Räder an. Jacken und Pullover müssen wir wohl oder übel mitnehmen, wer weiß, ob sie sonst nachher noch da sind. Außerdem ist da noch der Picknickkorb, der ein ganz schönes Gewicht hat.

Jonathans ausgewählter Weg beginnt an dem letzten Gehöft am Schleiufer und ist sehr romantisch. Zu Anfang noch ein Pfad zwischen Rapsfeldern mit der im Sonnenlicht glitzernden Schlei zur Rechten wird er immer schmaler. Nach ungefähr dreihundert Metern ist er fast vollständig zugewachsen, und Suse ist dafür umzukehren.

Doch Jonathan weist auf die Plakette einer Holzbank, die im hüfthohen Gras steht und von Löwenzahn und Disteln umwuchert ist: ‚Gestiftet von der Freiwilligen Feuerwehr Hestoft'.

„Seht ihr, wir sind richtig! Das ist der Wanderweg von Hestoft nach Süderholm."

Leider hört der „Wanderweg" abrupt an einem Stacheldrahtzaun auf, hinter dem auch noch ein kleiner Bach fließt. Zur Schlei hin ist das Ufer mit dichtem Reet bewachsen. Es gibt drei Möglichkeiten. Erstens: Wir machen uns auf den Rückweg. Zweitens: Wir bahnen uns einen Weg durchs Reet und holen uns dabei vermutlich nasse Füße. Drittens: Wir überwinden den Stacheldraht, springen über den Bach und setzen unsere Wanderung auf der Wiese dahinter fort.

Jonathan entscheidet sich nach kurzer Überlegung für Möglichkeit drei.

„Au ja, toll, Papi!" Wenigstens Mäxchen teilt den Pioniergeist seines Vaters.

Natürlich bleibt Suse beim Durchkriechen mit ihrem T-Shirt am Stacheldraht hängen, und Max rutscht beim Sprung über den Bach ab. Er kann ein Vollbad nur vermeiden, indem er sich nach vorn auf die schlammige Uferböschung wirft. Jonathans guter Laune tut das keinen Abbruch: Er muss Mäxchens Zeug ja auch nicht waschen!

„Gut gemacht!", lobt er die Reaktionsschnelligkeit seines Sohnes. Klar, mit einem dreckigen Kind kann man weiterwandern, ein nasses hätte auch ihn zur Umkehr gezwungen.

Also wandern wir weiter. Ich weiß nicht, um was für eine Wiese es sich handelt, ob sie normalerweise als Weide für Schafe oder Kühe genutzt wird, jedenfalls lassen sich ganze Schwärme von Insekten auf uns nieder. Wir überqueren die Wiese im Spurt und wedeln dabei wie die Verrückten, darauf hoffend, dass es sich um eine harmlose Fliegenart und nicht um Stechfliegen handelt.

Keuchend erreichen wir das Ende der Wiese, wo sich tatsächlich ein Weg befindet, der von der Schlei weg ins Landesinnere führt, genau so, wie Jonathan es vorhergesagt hat. Der einzige Schönheitsfehler besteht darin, dass der Weg nach fünfzig Metern an einem Zaun endet, der eine Bullenweide begrenzt.

Diesmal fragt uns Jonathan, was wir möchten: „Wollt ihr über die Weide rennen, während ich die Bullen ablenke, oder wollt ihr über die Wiese zurück, die wir eben gekommen sind?"

„Nein!", schreit Susanna. „Nicht die Wiese! Diese Fliegen oder was das war, die waren so eklig – da gehe ich nie wieder lang!"

„Dann also die Bullen", stellt Jonathan sachlich fest. Ich schlucke. Aber es bleibt uns keine Wahl. Gott steh uns bei!

„Hier, Marie, du hältst den Draht hoch und lässt die Kinder durchkriechen, wenn ich euch von da hinten ein Zeichen gebe. Dann folgst du, ich komm als letzter. Den Picknickkorb nehme ich. Und lauft, so schnell ihr könnt!"

Ich nicke ergeben. Mit Stacheldraht haben wir ja nun schon Erfahrung, und Suses T-Shirt hat sowieso ein Loch.

Jonathan nimmt seinen Pullover, schleicht rund hundert Meter am Zaun entlang, springt dann auf und schwenkt das Kleidungsstück mit lauten Ho!-ho!-Rufen wild hin und her. Die Bullen hören auf wiederzukäuen und starren verdattert auf das hüpfende Rumpelstilzchen hinter dem Zaun.

„Jetzt!“, schreit Jonathan.

Wir kriechen und rennen, als gelte es das Leben. Und vielleicht ist es ja auch so. Glücklich auf der anderen Seite angekommen, wage ich einen Blick zurück. Die Bullen stehen wie hypnotisiert noch an der gleichen Stelle wie vorher. Jonathan beendet sein Ablenkungsmanöver, schleicht gebückt die hundert Meter zurück, ergreift den abgestellten Picknickkorb, klettert mit seinen langen Beinen über den Zaun und erreicht völlig unbehelligt die andere Seite und uns. Erst als auch er hinter dem Zaun wieder in Sicherheit ist, erwachen die Bullen aus ihrer Erstarrung und preschen los. Mit Schaudern denke ich daran, was alles hätte passieren können, wenn die Rindviecher ein bisschen eher auf diese Idee gekommen wären ...

„Jetzt gehen wir da drüben hoch. Nach etwa fünfhundert Metern kommen wir dann auf die Landstraße“, verfolgt Jonathan ungeachtet aller Widrigkeiten seinen geplanten Rundkurs.

Wir marschieren die angesagten fünfhundert Meter. Von der Landstraße ist nichts zu sehen. Jonathan zieht seine Karte zu Rate. „Da vorn hinter den Bäumen muss sie sein!“

Stimmt. Allerdings dürften es von unserem Standort bis dorthin noch rund zwei Kilometer sein. Luftlinie. Nun streikt Susanna endgültig.

„Ich kann nicht mehr, ich will nicht mehr, ich hab's satt", heult sie und sinkt auf einen Findling am Wegesrand.

„Gut, dann halten wir hier unser Picknick ab", entscheidet ihr Vater weise. Doch auch gestärkt will Suse nicht weiter.

„Und was schlägst du vor, liebe Tochter?", erkundigt sich Jonathan. „Willst du bis ans Ende deiner Tage auf diesem Stein sitzen bleiben?"

„Du sollst uns mit dem Auto abholen", verlangt Suse.

„Darf ich dich daran erinnern, dass wir mit den Rädern unterwegs sind und das Auto in Wunneby steht? Bis ich es geholt habe, dürften rund zwei Stunden vergehen. Aber ich habe eine andere Idee: Wir schenken uns die Landstraße und gehen querfeldein zu den Rädern zurück. Dann sparen wir mindestens zwei Kilometer."

„Komm, Suse", sage ich aufmunternd. „Wo wir Stechfliegen und Bullen heil überstanden haben, schaffen wir das letzte Stück auch noch!"

Suse schnieft und erhebt sich tapfer.

Im Gänsemarsch stiefeln wir hinter Jonathan her, der sich seinen Weg am Rande der Feldmark bahnt.

„Papas Geburtstag!", stößt Suse mit zusammengebissenen Zähnen hervor und bohrt grimmige Blicke in den Rücken dessen, dem zuliebe wir diesen Gewaltmarsch auf uns nehmen. Inzwischen trage ich nicht nur meine Jacke und Pullover, sondern auch das Zeug der Kinder im geleerten Picknickkorb. Ich habe selten in Norddeutschland einen so sonnigen, warmen Maitag erlebt!

Durchgeschwitzt und am Ende unserer Kraft erreichen wir unsere Fahrräder. Geschafft im wahrsten Sinne des Wortes! Jonathan schließt sein Rad auf und wirft einen letzten zufriedenen Blick in die Runde.

„Das war doch ein schöner Geburtstagsausflug. Ich danke euch, meine Lieben!"

Krisenhubers

Am nächsten Wochenende ist Pfingsten. Selbstverständlich feiern wir das Pfingstfest in unserer Gemeinde – sozusagen als Gemeindegeburtstag –, danach haben die Kinder Schulferien, insgesamt neun Tage lang. Doch das ist keine reine Freude: Max langweilt sich ohne seinen gewohnten Kindergarten, und im Garten kann man nicht mehr Fußball spielen, weil wir praktisch keinen Garten mehr haben. Wenn wir im Wohnzimmer sitzen und Edith – Frau Wesskamp – in ihrer neuen Küche werkelt, können wir uns gegenseitig wunderbar auf die Tische schauen. Bei geöffneten Fenstern ließe es sich auch hervorragend kommunizieren, wir brauchten nicht einmal die Stimmen zu heben.

„Ich will nach Wunneby", sagt Mäxchen sehnsüchtig, denn dort könnte er mit Berti nach Herzenslust bolzen. Auch Suse hält nichts in Hamburg: Ihre beste Freundin Jenny ist schon am Freitag vor Pfingsten zu ihrer Oma an den Starnberger See gefahren, und mit Britta hat sich Susanna verkracht. Lüneburger Heide mit Reiten auf Rubina, Brittas Pferd, ist daher vom Programm gestrichen.

„Ich will auch nach Wunneby", äußert Suse und hofft auf eine Reitmöglichkeit irgendwo an der Schlei.

„Papa hat aber keinen Urlaub, und ich kann auch nicht weg", bedaure ich. „Im Sommer sind wir zwei Wochen in Wunneby, und wenn ihr im Herbst wieder Ferien habt, fahren wir noch mal für ein paar Tage hoch, da ist Papas Resturlaub."

„Ach, Wunneby im Herbst ist doch doof", findet Suse. „Im Oktober regnet es dauernd, der Mai ist viel schöner."

Da mag sie Recht haben, aber für dieses Jahr ist es nun nicht mehr zu ändern, und wir haben den Herbsturlaub schon um einen Tag zugunsten des Muttertages gekürzt.

„Könnten wir ihn nicht um einen weiteren Tag kürzen? Frag Paps doch mal!"

Das tue ich denn auch. „Das Wetter am nächsten Wochenende soll herrlich werden", füge ich erklärend hinzu. „Wir würden alle gern nach Wunneby fahren, und da Karl-Uwe predigt ..."

Karl-Uwe predigt nicht nur, er bietet sogar an, Jonathans Bibelunterricht am Freitag zu übernehmen. „Ich wollte schon immer mal sehen, wie sich die Konfirmanden so machen, lieber Bruder! Der eine Urlaubstag sei euch von Herzen gegönnt."

Also brechen wir schon am frühen Nachmittag nach Wunneby auf. Statt der sonst üblichen anderthalb Stunden von Haus zu Haus brauchen wir diesmal mehr als zwei: Zu viele Kurzurlauber sind unterwegs, um das schöne Wochenende an der Ostsee oder in Dänemark zu nutzen. Dafür entschädigt uns aber der Blick über die blühenden Rapsfelder reichlich, die rechts und links an unserer Wegstrecke liegen.

„Herrlich!", sagt Jonathan, steigt vor unserem Ferienhaus aus dem Wagen und reckt sich.

„Meinst du das Ende der langen Fahrt oder den Raps?"

„Beides", sagt er schlicht, wirft einen vorerst letzten Blick auf die leuchtend gelben Felder rechts vom Erlenknick und beginnt, unser wie immer übervolles Auto zu entladen. Max ist bereits verschwunden, wahrscheinlich auf der Suche nach Berti.

Während Jonathan unser Gepäck im Haus verstaut, fahre ich schnell zum „Hansen“: Ich habe die Kartoffeln vergessen, und der Kaffee ist auch alle.

Beim „Hansen“ treffe ich in der Schlange an der Kasse Frau Grünwald, Ferienhausbesitzerin wie wir, verwitwet, rund zehn Jahre älter als ich. Sie ist eine Freundin von Frau Riesenhuber und freut sich sichtlich auf deren Kommen an diesem Wochenende. Ah, dann werden wir endlich unsere unmittelbaren Nachbarn zur Linken kennen lernen.

„Elfi ist ja so eine nette Person! So herzlich, lebhaft und aufgeschlossen – Sie werden Sie lieben, sag ich Ihnen, liie – ben!“

Ich bin sicher, dass Frau Grünwald nicht die christliche Nächstenliebe meint, die für eine Pastorenfrau selbstverständlich ist – natürlich weiß sie, welchen Beruf Jonathan hat –, dazu ist ihr Ausspruch zu emphatisch. Ich teile Frau Grünwalds begeisterte Zuversicht nicht unbedingt – denn woher will sie wissen, wen ich liebe und wen nicht? –, nehme aber mal an, dass ich Frau Riesenhuber sympathisch finden werde: herzliche, aufgeschlossene Frauen mag ich.

Als ich kurz nach sechs nach Hause komme, sitzt Mäxchen vor dem Fernseher, allein, und tröstet sich mit den Abenteuern von Elvis, Lexi und den Quietschboys darüber hinweg, dass Berti nicht zu Hause war. Ich atme erleichtert auf.

Draußen ertönt ein wildes Gekläff, und Rex rast über unser Grundstück. „Zieglers sind eingetroffen.“

Jonathan besitzt inzwischen eine eigene Leiter und muss Rolffs nicht mehr behelligen, wenn wir wieder einmal Fifi aus der Fichte retten müssen.

Nach dem Abendbrot muss mein Mann unbedingt nachsehen, „ob die Schlei noch da ist“, während ich abwasche, die Betten beziehe, Fifis Klo reinige, Mäxchen ins Badezimmer schicke, ihm anschließend seine Gute-Nacht-Geschichte vorlese und mit ihm bete.

Gegen neun wird es draußen laut: Vor dem Nachbargrundstück werden Autotüren zugeschlagen, Stimmen ertönen – eine männlich, eine weiblich –, Gelächter, Licht im Haus: Riesenhubers sind da. Ich bin – ehrlich gesagt – ziemlich neugierig, besonders auf die so angepriesene Frau Riesenhuber, will aber doch bis morgen früh warten, ehe wir uns vorstellen.

Mit der Ruhe ist es an diesem Abend leider vorbei: Riesenhubers sitzen mit Frau Grünwald und einem halben Dutzend anderer alter Freunde auf der Terrasse und feiern Wiedersehen, laut und lustig.

Max hatte keine Probleme mit dem Einschlafen, aber ich. Immer wieder dringen Lachsalven zu unserem Schlafzimmer hinauf. Ob Herr Riesenhuber Witze erzählt? So viel Erheiterndes können die zehn Leute dort unten doch gar nicht zusammen erlebt haben, dass das Stoff für mehrere Stunden gibt!

„Die gehen wohl überhaupt nicht mehr nach Hause,“ beklage ich mich. „Warum kann der Mai nicht kühl und nass sein – wenigstens am letzten Wochenende? Dann könnten sie natürlich nicht auf der Terrasse sitzen.“

„Sei friedlich, Marie! Schließlich haben die sich ein drei viertel Jahr nicht gesehen.“

„Ich will nicht friedlich sein, ich will schlafen!"

Irgendwann gegen zwei Uhr gelingt es mir endlich. Dementsprechend spät wachen wir am nächsten Morgen auf. Um halb zehn sind wir aber soweit, uns nebenan vorzustellen. Doch auf unser Klingeln hin öffnet niemand.

„Das Auto ist ja auch nicht da", bemerkt Jonathan scharfsinnig. „Wahrscheinlich sind sie zum Einkaufen gefahren."

Stimmt. Gegen zehn rollt ein Porsche mit Münchner Kennzeichen vor, und Riesenhubers tragen ganze Berge von Einkäufen ins Haus: mehrere Getränkekisten, Kartons voller Lebensmittel und große Tüten mit oben herausragenden Meterbroten.

Was von den Trägern zu sehen war, machte einen ganz normalen Eindruck: Herr Riesenhuber ist mittelgroß, Ende fünfzig und grau meliert, seine Gattin vielleicht ein paar Jahre jünger, vollschlank und brünett.

„Wir warten noch zehn Minuten, bis sie alles weggepackt haben", beschließt Jonathan. Max kontrolliert die Uhr. „Jetzt können wir los!", verkündet er. Sein Vater rafft die für diesen Zweck vorgesehene Flasche Wein, ich raffe Max, rufe Suse und wir starten zu unserem Antrittsbesuch.

„Moin moin!", sagen wir landesüblich zur Begrüßung, als sich die Tür öffnet.

„Grüß Gott!", tönt es uns im Gegenzug von Frau Riesenhuber entgegen. Sie hat ein rundes Gesicht und ein strahlendes Lächeln, aber leider wenig Zeit: „Wir feiern ja heute Nachmittag unser Familienfest, da muss ich noch so viel vorbereiten."

Das verstehen wir vollkommen.

„Poldi“, flötet Frau Riesenhuber nach hinten, „komm doch mal! Unsere neuen Nachbarn sind da.“

Herr Riesenhuber kommt kurz an die Tür, brummelt etwas Unverständliches, wirft einen unfreundlichen Blick auf Max und überlässt Elfi alle weitere Konversation. Also eins ist sicher: Ein strahlendes Lächeln hat Herr Riesenhuber nicht und ihn werde ich auf keinen Fall lieben! Bei Frau Riesenhuber werde ich es mir noch überlegen.

„Dann wollen wir Sie auch nicht weiter von Ihrer Arbeit abhalten“, sagt Jonathan höflich und tritt den Rückzug an.

„Wie fandest du sie?“, frage ich ein Haus weiter.

„Elfi mag ja so reizend sein, wie Frau Grünwald behauptet, aber dieser Riesenhuber ist ein ungehobelter Klotz“, antwortet Jonathan. „Na ja, Gegensätze ziehen sich an.“

„Mama, warum hat der Krisenhuber mich so komisch angeguckt?“, will Max wissen.

„Eben weil er ein ungehobelter Klotz ist“, sagt Suse und korrigiert dann: „Er heißt aber Riesenhuber, nicht Krisenhuber.“

Gerade als wir Mittag essen, beginnt drüben ein unheilvolles Rumoren.

„Krisenhubers bauen da was“, teilt Mäxchen uns mit, den es vor lauter Neugierde nicht auf seinem Stuhl hält. „Ein Rundhaus mit Dach!“

Das Rundhaus mit Dach entpuppt sich als offener Pavillon mit Segeltuchbespannung obendrüber.

„Große Ereignisse werfen ihre Schatten voraus“, meint Jonathan weise und verzichtet darauf, Max zu verbessern. Vielleicht ist Krisenhuber ja ein ganz passender Name?

Nach dem Essen legt Jonathan sich mit einem Buch aufs Sofa, ich rolle mich wie Fifi im Sessel zusammen. Gerade als ich am Einschlafen bin, schreckt mich ein Knall wieder hoch.

„Das war bloß nur eine Autotür", beruhigt mich Jonathan. Doch nun geht es Schlag auf Schlag: Immer mehr Wagen fahren nebenan vor, parken auf der Auffahrt, am Wegesrand vor dem Haus und auf der Wiese gegenüber. Wenn wir aus dem Wohnzimmerfenster schauen, haben wir den reinsten Fuhrpark vor uns.

„Riesenhubers scheinen auch eine Riesenfamilie zu haben", sagt Jonathan kopfschüttelnd und legt das Buch beiseite. Der Garten drüben füllt sich. Max steht auf unserer Seite am Zaun und starrt erst neugierig, dann sehnsüchtig hinüber. Denn unter den Gästen sind auch sechs Kinder, darunter zwei Jungen in seinem Alter.

„Mama, können die nicht zu uns kommen und mit mir Fußball spielen?", fragt Max hoffnungsvoll, denn dass er nach nebenan eingeladen wird, ist nicht zu erwarten: Er gehört ja nicht zur Familie.

„Fragen kostet nichts", meint Jonathan und marschiert mit Max zum Zaun. Elfi, die in einem leuchtend roten Seidenkleid wie eine voll erblühte Mohnblume aussieht, lächelt ihr strahlendstes Lächeln – und lehnt ab.

„Heute muss ich all meine Lieben um mich haben. Das verstehst du sicher, mein Kleiner?!"

Der „Kleine" versteht es nicht, und auch wir Großen haben unsere Schwierigkeiten, denn die Kinder drüben werden von den Erwachsenen kaum beachtet, am wenigsten von Elfi, die wie ein exotischer Riesenschmetterling von Gruppe zu Gruppe schwebt und fleißig Küsschen verteilt.

„Komm, Marie, sag Suse Bescheid, wir machen einen Ausflug. Mir ist das hier zu voll", entscheidet Jonathan und holt die Räder aus dem Schuppen. „Wir können uns ja mal die andere Schleiseite ansehen."

Also radeln wir nach Missunde, setzen dort mit der Fähre über und fahren durch den Wald bis zur Steilküste kurz vor Weseby. Hier lohnt ein längerer Aufenthalt. Max macht begeistert eine Rutschpartie nach der anderen, und selbst unsere Große übt sich im Klettern an der hoch aufragenden Lehmwand. Jonathan und ich sitzen auf einem morschen Baumstumpf am Strand und genießen unsere Zweisamkeit. Die Kinder sind ja beschäftigt.

„Max wird heute bestimmt gut schlafen", meint Jonathan mit einem Blick auf seinen Sohn, der immer wieder unermüdlich nach oben kraxelt, um anschließend auf seinem Hosenboden wieder herunterzurutschen.

„Die Jeans ist vermutlich hin", murmele ich und kuschele mich an Jonathans Schulter. Macht nichts, Hauptsache, Max trauert nicht mehr der verpassten Gelegenheit zum Fußballspielen nach, und wir haben unsere Ruhe.

Doch das dicke Ende kommt erst noch. Kaum sind wir zurück, geht erneut das Türenschlagen los: Diesmal ist es ein VW-Transporter, der neben den Porsches und BMWs auf der Wiese parkt. Heraus klettern fünf Musiker samt ihren Instrumenten. Sie nehmen im Pavillon vor der Riesenhuberschen Terrasse Aufstellung und beginnen sofort, eifrig ihre Instrumente zu stimmen. Das kann ja nur noch heiter werden!

Das Quintett entpuppt sich als Jazz-Combo. Max lauscht hingerissen den schrägen Rhythmen, ich weniger. Wenn ich an die letzte Nacht denke...

Gegen acht, als bei uns die Tagesschau läuft, setzen sich offenbar auch Zieglers auf ihre Terrasse. Von dort schallt Egerländer Blasmusik herüber. Gegen zehn gehe ich schlafen. Ich versuche es zumindest. Um halb zwölf stöhne nicht nur ich, jetzt stöhnt auch Jonathan. „Das ist ja nicht zum Aushalten! Von links die Combo, von rechts die Blasmusik. Ob Zieglers das absichtlich machen?"

Er presst sein Kopfkissen gegen die Ohren. „Fehlte nur noch, dass Rolffs von hinten ein bisschen Wagner beisteuern!"

Doch Rolffs sind trotz des schönen Wetters nicht da. Wahrscheinlich wussten sie im Gegensatz zu uns, was einem am Geburtstag von Frau Riesenhuber hier bevorsteht.

„Ich verstehe das nicht: Die können doch nicht die ganze Nacht so weitermachen! Die müssen doch auch mal nach Hause. Denn schlafen können drüben nicht alle, so groß ist das Haus nicht."

„Du vergisst den ‚Wunnebyer Hof'. Da kann man nicht nur essen, sondern auch übernachten. Die fahren sicher erst morgen nach Hause."

Jonathan hat Recht. Erst am Sonntag verschwindet die ganze Bande einer nach dem anderen, natürlich mit lautem Türenschlagen, Rufen und Gelächter. Endlich wieder Ruhe.

Am Abend, als wir unser Gepäck ins Auto laden, taucht Frau Grünwald nebenan auf und verschwindet mit Küsschen links und Küsschen rechts im Haus. Keine zwei Minuten später dringt das erste Gelächter zu uns herüber. Wer weiß, wie viele Nachbarn noch erscheinen, um zu gratulieren und wie laut es heute Abend wieder wird! Zum ersten Mal bin ich richtig froh, dass es für uns wieder nach Hause geht.

„Vielleicht war es nicht richtig, dass wir schon wieder hergekommen sind", sagt Jonathan nachdenklich. „In diesem Monat waren wir ziemlich oft hier oben: zum Muttertag, an meinem Geburtstag und jetzt noch mal. Auch wenn Karl-Uwe in der Gemeinde die Stellung gehalten hat, so glaube ich doch, dass Gott uns mit diesem Wochenende etwas klarmachen wollte: Wir sollen es nicht übertreiben. Womit sich wieder mal zeigt, dass denen, die Gott lieben, alle Dinge zum Besten dienen", zitiert er den Römerbrief.

„Sogar die grässlichen Riesenhubers", seufze ich.

Jonathan nickt. „Ja, um zu erkennen, dass ein Ferienhaus für einen Pastor und seine Familie wirklich ein Ferienhaus bleiben und kein Wochenendhaus werden sollte."

Damit ist klar, dass wir die nächsten Samstage zu Hause bleiben und erst wieder in den Sommerferien herkommen werden.

„Riesenhubers sind aber im August noch mal drei Wochen hier, hat Frau Rolff gesagt", gebe ich zu bedenken. „Vielleicht könnten wir deinen Urlaub um ein paar Tage verschieben, so dass er ganz im Juli liegt?

Denn ich glaube, ich kann gut darauf verzichten, Elfi zu lieben: Sie ist mir – ehrlich gesagt – zu herzlich, lebhaft und aufgeschlossen!“

Sommer in Wunneby

„Mama, kann Jenny nicht in den Sommerferien mit uns nach Wunneby kommen? Ich meine, nicht die ganzen vierzehn Tage – nur die letzte Woche? Vorher fährt sie zu ihrer Oma.“ Jenny ist nicht nur Suses beste Freundin, sondern auch ein nettes Mädchen.

Mir ist es recht, und auch Jonathan hat nichts dagegen.

„Dann bin ich ja von drei hübschen Damen umgeben!“

Natürlich haben wir im Verwandten- und Freundeskreis von unserem kleinen Paradies geschwärmt und auch Fotos gezeigt, aber bisher war nur Opa mit uns oben.

Vor dem Umbau und bevor wir nicht komplett eingerichtet waren, wollten wir keine Besucher, am besten hätten sich die Frühjahrsferien zum Besichtigen geeignet, aber da waren Annie und Reinhard auf Mallorca, und Jonathans Freunde aus der Gemeinde – Michael, Ulli und Christian – hatten mit ihren Familien zwei Ferienhäuser in Dänemark gemietet. Schwiegermutter ist die Anreise grundsätzlich zu beschwerlich, und meine Freundin Beate wartet noch auf ein Wochenende, an dem ich einmal familienlos mit ihr an die Schlei fahren kann.

„Annie und Reinhard wollen uns auch besuchen, am sechzehnten Juli“, informiert mich Jonathan. „Das ist ein Freitag. Am Montag hole ich dann Jenny in Schleswig ab.“

Damit ist alles geklärt.

Nun sind Ferien im Juli in Norddeutschland immer ein Risiko, wettermäßig. Doch wir haben Glück: Dieser Sommer ist wirklich ein Sommer und kein grün angestrichener Winter.

Es ist herrlich, noch vor dem Frühstück im Bademantel zur Schlei hinunterzulaufen und bis zu den ersten Bojen zu schwimmen, die das Badegebiet begrenzen. Um diese Zeit hat man die Bucht fast ganz für sich allein.

Gegen elf wird es dann voller, und wir ziehen uns zum Mittagessen in unseren Garten zurück. Anschließend surft Jonathan, sofern der Wind aus der richtigen Richtung und mit der richtigen Stärke bläst, und auch Susanna legt ihre Pferdebücher beiseite und geht schwimmen. Max buddelt wie immer eifrig im Sand. Er hat jetzt freie Auswahl unter den Kindern am Strand und ist nicht mehr auf Berti angewiesen. Da wird in Teamwork ein Damm gebaut oder ein Hafenbecken angelegt, und ich werde nur noch benötigt, um Mäxchens Burgen oder seine „Schwimmkünste" zu bewundern.

„Guck mal, Mama, wie ich unter Wasser schwimmen kann!"

Ich muss mit Mäxchen unbedingt einen Schwimmkurs machen, nehme ich mir vor.

Die Schlauchboote der Kinder aus unserem Dänemarkurlaub werden reaktiviert, wobei das von Max mit einer langen Leine an einem in den Ufersand gerammten Spaten gesichert ist, damit er uns nicht verloren geht.

Jonathan ist fast den ganzen Tag an, in oder auf der

Schlei anzutreffen, nur für die Mahlzeiten macht er zu Hause kurze Stippvisiten.

„So habe ich mir das vorgestellt mit einem Ferienhaus, genau so!“, sagt er dankbar und zufrieden.

Suse stellt ihre Pferdebücher endgültig ins Regal: Sie hat beschlossen, surfen zu lernen. Wir kaufen ihr einen schwarzen Surfanzug mit pinkfarbenen Einsätzen, und Vater und Tochter ziehen los.

„Du musst immer darauf achten, von wo der Wind kommt“, beginnt Jonathan seine Lehrstunde. „Luv – das ist die windzugekehrte Seite, lee – die abgewandte. Pass auf: Du stellst dich so aufs Brett wie ich jetzt, und dann ziehst du das Segel hoch. So!“

Jonathan führt vor, Suse guckt zu. „Alles klar?“

Suse nickt. Aber dann ist es doch nicht so einfach, wie es aussieht. Erst beim fünften Versuch klappt es.

„Den Mast mehr nach vorn neigen! Anluven!“, ruft Jonathan, aber da liegt Suse auch schon wieder im Wasser. Ihre anfängliche Begeisterung hat merklich nachgelassen.

„Komm, noch mal“, ermuntert Jonathan seine Tochter. „Es ist noch kein Meister vom Himmel gefallen!“ Aber die hat für heute genug und tritt das Brett wieder an ihren Vater ab.

Beim nächsten Mal klappt der Start schon viel besser, Suse gleitet tatsächlich ein paar Meter über das Wasser, ehe sie hineinfällt.

„Prima!“, ruft Jonathan. Aber trotz dieses Erfolges schwimmt Susanna schon nach fünf Minuten ans Ufer, das Brett hinter sich herziehend. „Mir sind heute zu viele Leute da“, erklärt sie. „Ich will mich doch nicht blamieren!“

„Erstens blamierst du dich nicht, weil du das schon sehr schön machst, und zweitens guckt sowieso keiner zu – dazu ist viel zu viel Betrieb hier", sagt Jonathan. Doch Suse ist nicht zu überzeugen. „Du kannst gar nicht wissen, wer alles zu mir rüberguckt", behauptet sie eigensinnig. Von nun an müssen die Surfübungen in die Morgen- oder Abendstunden verlegt werden, wenn es in der Sandbucht fast menschenleer ist.

Suse macht langsam Fortschritte. In der vierten Stunde erklärt Jonathan, was eine Halse ist und was eine Wende – und wie man beides durchführt.

„Das lerne ich nie", stöhnt Suse. Dennoch versucht sie es immer wieder. Meist jedoch liegt sie nach jedem Manöver sofort im Wasser.

„Umgreifen, Beine durchdrücken, Po rein!", schreit Jonathan gerade in dem Augenblick, als ein paar Jungen von etwa fünfzehn Jahren den Strand entlangschlendern. Das gibt Suse den Rest. Sie lässt Surfbrett Surfbrett sein und schwimmt an Land. „Ich will nicht mehr!", schimpft sie. „Du blamierst mich vor allen Leuten!"

Jonathan ist sprachlos. Zum einen, weil er den Vorwurf seiner Tochter für völlig ungerechtfertigt hält, zum anderen, weil sie sein Surfbrett einfach sich selbst überlässt. „Bist du noch bei Trost?!", schreit er dann. „Man lässt nie ohne Not sein Brett im Stich! Wenn wir ablandigen Wind hätten, würde ich es nie wieder sehen!"

„Ist mir doch egal", heult Suse. „Ich will sowieso nie mehr surfen!"

„Und was machen wir mit deinem teuren Surfanzug?", frage ich. „Ich glaube kaum, dass Max einen

Anzug mit pinkfarbenen Einsätzen anzieht, wenn er ihm eines Tages passt."

„Wir können ihn ja Jenny schenken", schlägt Jonathan vor, der sein Surfbrett gerettet und meine letzten Worte noch gehört hat. Jenny ist sehr sportlich und hat im Turnen eine Eins.

„Ihr seid ja so gemein!", schluchzt Suse auf, wirft uns einen vernichtenden Blick zu und marschiert hoch erhobenen Hauptes Richtung Ferienhaus, wobei sie kleine Pfützen hinterlässt.

„Töchter", murmelt Jonathan kopfschüttelnd, obwohl er nur die eine hat.

Am nächsten Tag ist es völlig windstill, das Thema Surfen erledigt sich damit vorerst von allein. Suse verkriecht sich in ihrem Zimmer, und auch ich gehe nur kurz an den Strand. Denn morgen kommen Annie und Reinhard, da muss ich unser Haus auf Vordermann bringen. Sechs Tage lang habe ich bei dem schönen Wetter drinnen so gut wie nichts getan, Aufräumen und Saubermachen ist dringend erforderlich.

Am Freitagmorgen wasche ich gerade das Frühstücksgeschirr ab, als es klingelt. Nanu, sollten das schon Annie und Reinhard sein? Die wollten doch erst gegen zwölf zum Mittagessen kommen.

Es sind nicht Annie und Reinhard, es ist der Telegrammbote.

„Reinhard an Windpocken erkrankt – Stop – Sorry – Stop. Annie."

Stumm reiche ich Jonathan das Formular.

„Der Arme", sagt Jonathan mitfühlend. Kein Wort des Bedauerns für mich, wo ich den ganzen gestrigen Tag nur für unseren Besuch gerackert habe. „Dafür ist es wieder richtig sauber und ordentlich bei uns. Ich finde das auch sehr schön“, sagt mein Mann.

Einen Tag später – Suse fiebert schon Jennys Ankunft am Montag entgegen – klingelt es erneut, und wieder steht der Telegrammbote vor der Tür. Ich ahne Schreckliches.

„Kann nicht kommen – Stop – Windpocken – Stop. Jenny“, lautet der Text.

„Das scheint ja wirklich eine Epidemie in Hamburg zu sein“, meint Jonathan, während ich krampfhaft überlege, wie ich diese Hiobsbotschaft Susanna beibringen soll.

Doch Suse bleibt erstaunlich gelassen.

„Windpocken? Das macht doch nichts, die hatte ich doch schon!“

„Du ja, aber Max nicht“, sage ich bedauernd.

Nun fließen doch die Tränen bei Suse. „Und ich hatte mich so gefreut!“

Trotz ihres Kummers wirft sie giftige Blicke zu ihrem kleinen Bruder hinüber, der ja nun wirklich nichts dafür kann.

Ich verspreche Suse zum Trost einen großen Eisbecher im Missunder Fährcafé und einen Ausflug an die Ostsee. Jenny ersetzt das alles natürlich nicht.

Am Montag fährt Jonathan also nicht zum Bahnhof nach Schleswig, um Jenny abzuholen, sondern uns alle an die Ostsee.

Wir sitzen eine Dreiviertelstunde schwitzend im Auto – Suse seufzt ab und an –, ehe wir in Pottloch ankommen, das zwar einen hässlichen Namen, aber einen schönen Sandstrand hat. Je öfter Suse im Meer badet, umso seltener wird ihr Seufzen, und am Abend macht sie einen ganz glücklichen Eindruck. Leider haben wir uns alle einen ordentlichen Sonnenbrand geholt – bis auf Jonathan, der von Natur aus schnell braun wird. So verbringe ich die nächsten zwei Tage mit den Kindern hauptsächlich im Garten, wo es schattiger ist als am Strand.

Am Donnerstag sitzen wir alle gemütlich beim Mittagessen im Garten, als es vom Eingang her „Hallo!" ruft. Ich sehe hinter den Büschen eine blau gekleidete Gestalt winken.

„Da ist schon wieder der Telegrammbote", sage ich zu Jonathan. „Sieh doch mal nach!"

Doch es ist nicht der Telegrammbote, es ist Reinhard, mit Annie im Schlepptau.

„Es waren gar keine Windpocken", verkündet er strahlend und schüttelt Jonathan und mir die Hand. „Es war bloß eine Allergie."

„Das ist ja eine Überraschung!", sage ich und versuche, fröhlich zu klingen. Im Geiste gehe ich schnell den Zustand unseres Hauses durch: Das Frühstücksgeschirr steht noch unabgewaschen herum, im Wohnzimmer herrscht eine heillose Unordnung, gestaubsaugt habe ich die letzten Tage auch nicht, das Bad ist nicht geputzt, und wenn ich mich recht erinnere, habe ich heute Morgen nicht mal die Betten gemacht!

„Wir hätten euch ja vorher angerufen, aber ihr habt ja kein Telefon." Annie küsst mich zur Begrüßung auf beide Wangen. „Da sind wir einfach losgefahren."

Jonathan rückt zwei weitere Gartenstühle an den Terrassentisch.

„Können wir euch was anbieten?"

„Nein, danke. Wir haben unterwegs gegessen, in so

einem entzückenden kleinen Landgasthof. Höchstens eine Tasse Kaffee, das wäre nicht schlecht."

„Kommt sofort", sage ich und eile ins Haus. Ich raffe die Zeitungen zusammen, die Jonathan im Wohnzimmer verstreut hat, schubse Mäxchens Spielzeug mit dem Fuß in eine Ecke und schiebe das schmutzige Geschirr in den Backofen, ehe ich das Kaffeewasser aufsetze. Suse ist mir gefolgt. „Du, Mama", sagt sie mit leuchtenden Augen, „vielleicht hat Jenny bloß eine Allergie und kann doch noch kommen?!"

„Vielleicht", antworte ich zerstreut, greife nach einem Paar schmutziger Socken auf dem Fußboden und Mäxchens Schlafanzug, der zerknüllt auf dem Sofa liegt, und stürze die Treppe hinauf, um schnell die Betten zu machen. Zum Glück bin ich für Suses Zimmer nicht verantwortlich.

Der Kaffee ist fertig: Um das Bad zu putzen, reicht die Zeit nicht mehr, und auch der Teppich muss so bleiben, wie er ist. Wenigstens sieht es bei uns nicht mehr ganz so schlimm aus wie vorher.

„Nette Gegend habt ihr euch ausgesucht", meint Reinhard und kippt zwei Löffel Zucker in seinen Kaffee.

„Wenn ihr ausgetrunken habt, zeigen wir euch alles", verspricht Jonathan. Wir beginnen mit dem Garten, wandern einmal ums Grundstück. Dann ist das Haus dran. Während Annie und Reinhard die Aussicht vom Wohnzimmerfenster auf die Schlei bewundern, rubble ich schnell im Badezimmerwaschbecken die festgekrusteten Zahnpastaklümpchen weg, die Max immer hinterlässt. So, nun kann sich auch das Badezimmer einigermaßen sehen lassen.

Nach der Hausbesichtigung spazieren wir alle hinunter zur Schlei, wo natürlich reger Badebetrieb herrscht.

„So voll ist es hier nur im Sommer", beeilt sich Jonathan zu versichern. „Im Mai waren wir fast die einzigen am Strand."

Wir wandern zur Anhöhe hoch, damit unser Besuch den Rundblick genießen kann. Suse würde Annie und Reinhard am liebsten noch die Zottelponys auf der Weide am Margarethenwall zeigen, aber dazu haben die beiden wenig Lust.

„Wie Pferde aussehen, weiß ich eigentlich, Susanna-Mädchen", sagt Reinhard. „Lasst uns doch lieber zum Eisessen nach Missunde fahren."

So wird es an diesem Nachmittag nichts mehr mit Baden und Surfen, aber das kann Jonathan verschmerzen. Wir sitzen auf der Terrasse des Fährcafés direkt am Schleiufer, löffeln unsere Eisbecher und betrachten die Segelboote, die an uns vorbeiziehen.

Zum Abendbrot tische ich unsere gesamten Vorräte auf, und gegen acht verabschieden sich unsere Freunde, denn zum Übernachten ist unser Häuschen glücklicherweise zu klein.

„Das war doch nett, dass Annie und Reinhard einfach so vorbeigekommen sind", meint Jonathan und schaltet den Fernseher ein, um die Tagesschau zu sehen. Ich hole das Frühstücksgeschirr aus dem Backofen und mache mich an einen größeren Abwasch, denn sowohl das Geschirr vom Mittagessen – inklusive der Töpfe – als auch das vom Abendbrot muss noch gesäubert werden.

„Musst du so laut klappern?", fragt Suse vom Sofa

her. Nein, muss ich nicht: Es zwingt mich ja keiner, überhaupt abzuwaschen! Soll das doch jemand anders machen – warum immer ich? Und morgen kommt schließlich kein Besuch.

Also steht die ganze Küchenzeile auch am Freitagvormittag noch voll schmutzigen Geschirrs, denn bisher hat sich niemand gefunden, der freiwillig meinen gewohnten Part übernommen hätte. Jonathan will surfen – der Wind hat gerade die richtige Stärke –, und wir haben doch auch noch ein paar saubere Teller und Tassen, oder? Er ist gerade in seinen Surfanzug gestiegen – Suse und Max sind überhaupt noch nicht angezogen –, da klingelt es.

Wer kann das sein?

Ich öffne die Tür und pralle zurück: Vor mir stehen Michael, Ulli und Christian, unsere Freunde aus der Gemeinde – ohne ihre Frauen, aber mit einem Dutzend Kinder.

„Da sind wir", sagt Michael fröhlich, als handele es sich um die selbstverständlichste Sache der Welt.

„Das sehe ich", entgegne ich schwach. Ulli wirft mir durch seine Brille einen prüfenden Blick zu. „Ich glaube fast, Marie, Jonathan hat dir gar nichts davon gesagt, dass wir eine Radtour machen und verabredet hatten, heute bei euch vorbeizuschauen."

Nein, hat er nicht, denke ich, murmele aber stattdessen nicht sehr überzeugend: „Doch, doch!"

Was soll ich bloß anfangen mit diesen vielen Gästen?!

Jonathan erscheint im Surfanzug, ist gleichfalls perplex, fängt sich aber schnell.

„Hallo, Christian, hallo Michael! Wie geht's, Ulli?

Na, eure Sprösslinge haben sich aber in den letzten zwei Wochen erheblich vermehrt!"

Bei genauem Nachzählen zeigt sich, dass es nur zehn Kinder sind, die neugierig vor unserem Eingang stehen: sechs eigene und vier Freunde, die mit auf Radtour durften.

Max ist begeistert. Nun hat er endlich eine komplette Fußballmannschaft! Es stört ihn auch überhaupt nicht, dass er noch im Schlafanzug ist. Er wechselt nur schnell die Hose, schlüpft in seine Joggingschuhe und gibt bereits erste Kommandos für die Mannschaftsaufstellung. Damit ist auch das Platzproblem gelöst: Die Kinder toben mit Ball im Garten herum, wir Erwachsenen setzen uns auf die Terrasse, Suse, die sich bei dem unerwarteten Ansturm blitzschnell in ihr Zimmer zurückgezogen hat, erscheint nun auch fix und fertig angezogen und gesellt sich zu uns Großen. Das einzige Problem ist nur noch: Was soll ich zum Essen anbieten? Ob ich schnell zum „Hansen" fahre? Aber eigentlich habe ich gar keine Zeit, ich muss ja noch für sauberes Geschirr sorgen.

„Wir könnten im Garten grillen", schlägt Jonathan mir vor. „Wir haben doch die auf Vorrat gekauften Packungen mit Nürnberger Bratwürsten und die eingefrorenen Koteletts. Mit Gottes Hilfe wird das schon reichen. Die Speisung der Fünftausend hat schließlich auch funktioniert."

„Ja, wenn ich die Koteletts noch aufgetaut kriege!"

Während die Männer mit einem Teil der Kinder im Schlepptau zur Ortsbesichtigung hinunter an den Strand spazieren, stecke ich die steinharten Koteletts in den Heißluftofen, sehe nach, ob wir noch genügend Saft, Selter und Flensburger Pilsener haben, erledige den Riesenabwasch in mehreren Arbeitsgängen und fahre sicherheitshalber kurz nach zwölf schnell zum „Wunnebyer Hof“: Gottvertrauen ist gut, aber zehn Portionen Pommes mit Mayo zum Mitnehmen sind auch nicht zu verachten.

Es wird ein tolles Picknick im Garten. Die Kleinen verputzen begeistert die Pommes frites, kleckern mit Ketchup, verbrennen sich die Finger an den heißen Würstchen und sind schon wieder beim Fußballspielen, während wir Großen uns noch die Koteletts einverleiben.

Die Männer prosten sich zu und beglückwünschen sich gegenseitig zu der guten Idee, unser Ferienhaus als Ziel der Fahrradtour gewählt zu haben, ich schleppe das Geschirr hinein und mache mich erneut an den Abwasch. Wollte ich eigentlich ein Ferienhaus?

Um drei koche ich Kaffee – den letzten, den wir haben – und sammle sämtliche Süßigkeiten ein, die ich finden kann: Bonbons aus Mäxchens „geheimem“ Vorrat, Schokolade von Suse, für den ich Ersatz verspreche, und eine Dose Kekse, unsere eiserne Reserve. Frisch gestärkt machen sich die Radler dann wieder auf den Heimweg: zur Jugendherberge auf der anderen Schleiseite, wo sie eine Woche ohne Frauen verbringen.

„Die wollten sich mal von uns erholen – eine Woche Ferien von der Familie“, erklärt Christian und schwingt sich auf sein Stahlross. Das verstehe ich vollkommen. Ob mir so etwas auch mal vergönnt sein wird? Matt winke ich den Männern nach. Dann wende ich mich dem meinen zu.

„Kommen noch irgendwelche Besucher, von denen ich nichts weiß?"

Jonathan sieht mich schuldbewusst an. „Tut mir Leid, Marie, ich hatte das völlig vergessen! Aber du hast das prima hingekriegt, ich bin richtig stolz auf dich."

Sein Lob richtet mich wieder auf.

„Jetzt muss ich aber noch zum ‚Hansen', unsere Vorräte wieder auffüllen. Sonst müssen wir morgen Saft oder Selter zum Frühstück trinken."

„Rufst du dann von der Telefonzelle aus bei Jenny an?", bittet Suse. „Papa könnte sie doch morgen vom Bahnhof abholen, falls es nur eine Allergie ist!"

Leider erfüllt sich Suses Hoffnung nicht: Jenny hat wirklich Windpocken. So werden wir das letzte Wochenende unter uns bleiben, wogegen ich nicht das Geringste einzuwenden habe.

Gewohnheitsmäßig zucke ich allerdings zusammen, als es am Samstag unverhofft klingelt. Aber es ist nur Frau Rolff, die fragt, ob ich ihr mit zwei Eiern aushelfen kann.

„Heute Abend kommen übrigens Riesenhubers aus München. Ich habe das gestern von Frau Grünwald erfahren."

„Das macht ja nichts", meint Jonathan, als ich ihm davon berichte. „Morgen fahren wir ja wieder nach Hause. Die eine Nacht mit Riesenhubers wird schon nicht so schlimm sein."

Am nächsten Morgen hat er seine Meinung gründlich geändert. „Warum müssen die denn gleich wieder am ersten Abend lautstark auf der Terrasse feiern?"

„Krisenhubers sind eben Krisenhubers: herzlich, lebhaft und aufgeschlossen", sage ich und hebe bedauernd die Hände. „Aber es hat doch wieder sein Gutes: Dann fällt uns der Abschied wenigstens nicht so schwer!"

Winterfreuden

Auf jeden Sommer folgt natürlich auch wieder ein Winter, mit einem Herbst dazwischen. Jonathan stehen noch vier Tage Urlaub zu, die er in die Oktober-Ferien der Kinder gelegt hat. Kombiniert mit unserem freien Samstag haben wir also fünf Tage für Wunneby.

Bei schönem Wetter sammeln wir Bucheckern und Fliederbeeren und essen Fliederbeersuppe mit Grießpudding zum Nachtisch.

Jonathan und ich genießen die herbstliche Laubfärbung und nehmen dafür auf unseren Spaziergängen auch den einen oder anderen Regenguss in Kauf. Leider haben wir noch immer keinen Reitstall für Suse gefunden. Unserer Tochter bleibt also vorerst nur die Theorie: Sie hat sich in der Bücherhalle sechs Pferdebücher geliehen, die sie allesamt innerhalb von drei Tagen durchliest, und Mäxchen ist unter die Dichter gegangen.

Er hat am Abend in unserem Garten unter einem Busch einen Igel entdeckt, den wir Otto taufen. Otto ist sehr zutraulich, es stört ihn gar nicht, wenn wir im Halbkreis um ihn herumstehen und zusehen, wie er in der Dämmerung laut schmatzend eine Portion von Fifis Katzenfutter vertilgt. Das inspiriert Max zu folgendem Lied: „Der Igel Otto, der hat im Lotto den ersten Preis gewo-ho-nen!

Er freut sich so und macht einen Sa-hal-to. Er landet im Sessel neben seiner Mietzekatz', die fängt grad 'ne Maus, und das Lied ist aus."

Suse tippt sich zwar an die Stirn, lässt sich aber doch dazu herab, zusammen mit ihrem dichtenden Bruder und uns Memory und Schwarzer Peter zu spielen. Wir finden es richtig gemütlich.

Natürlich taucht auch Berti bei uns auf, und ich bringe es nicht übers Herz, ihn abzuweisen. Doch das rächt sich: Am Samstag ist Suses Zahnspange verschwunden, die sie tagsüber immer in einem Wasserglas im Badezimmer aufbewahrt. Berti beteuert zwar, damit nicht das Geringste zu tun zu haben, aber so ganz glauben wir ihm nicht: Das Glas weist eindeutig Spuren von Dreckfingern auf. Leider können wir nicht beweisen, dass es sich um Bertis Fingerabdrücke handelt. Der Sachverhalt bleibt somit ungeklärt und die Zahnspange verschwunden.

Am Dienstagabend reisen wir wieder heimwärts, ein bisschen traurig, weil die letzten schönen Herbsttage nun vorbei sind und bald der November Einzug hält, aber auch ein wenig erleichtert, weil uns die nächsten Wochen Berti erspart bleibt und die Kinder halbtags mit Schule und Kindergarten beschäftigt sind.

Der November ist grau und trübe, wie so oft in Hamburg. Aber wir freuen uns auf die Adventszeit mit ihrem Kerzenschein und natürlich auf Weihnachten.

Es wird wie schon im Jahr zuvor eine grüne Weihnacht, aber Mitte Januar jubeln die Kinder: Dieses Jahr fällt Schnee und es friert Stein und Bein.

„Ob die Schlei wohl zufriert? Oder die Füsinger Au? Darauf könnte man bestimmt prima Schlittschuh laufen!", meint Suse, die sich in Hamburg mit ihren

Freundinnen an den kleinen Alsterteichen trifft. „Könnten wir nicht mal rauffahren?“

Gegen ein weißes Wochenende in Wunneby haben auch wir nichts einzuwenden. Jonathan opfert einen seiner fünfunddreißig Urlaubstage im neuen Jahr für ein Wochenende, an dem er nicht predigen muss. Wie gut, dass wir Karl-Uwe haben!

Kaum in Wunneby angekommen, liefern sich Jonathan und die Kinder im Garten eine Schneeballschlacht, während ich die Koffer auspacke und heißen Kakao koche.

Zwar ist weder die Schlei zugefroren noch die Füsinger Au – hier ist die Strömung viel zu groß –, aber der kleine Dorfweiher in der Feldmark kurz hinter dem Ortsschild „Wunneby“ hat eine genügend dicke Eisschicht. Also beschließen wir, Samstag vormittag dort Schlittschuh zu laufen: die ganze Familie inklusive Max, der es vorher noch nie probiert hat.

Wir parken das Auto am Wiesenrand, klettern die Böschung hinunter und schlüpfen in unsere Schlittschuhe. Jonathan und ich gleiten Arm in Arm über die glitzernde Fläche, Suse übt rückwärts laufen und Max steht vorerst am Ufer und sieht uns zu.

„Ich will auch Schlittschuh laufen, Mama!“, ruft er und fiebert der Premiere entgegen.

Nach einigen letzten Runden kehre ich zu Mäxchen zurück und helfe ihm, ein abgelegtes Paar von Suse anzuziehen. Meine eigenen ziehe ich aus, um Max bei seinen ersten Versuchen auf dem Eis besser festhalten zu können. Das ist ein Fehler. Denn nach einigen zaghaften Schritten und mehreren Wacklern hat Max den

Bogen raus. Er gleitet an meiner Hand schon recht flott übers Eis, ich kann in meinen Winterstiefeln das Tempo nicht mithalten, es reißt mich förmlich von den Beinen. Die rechte Hand mit Max daran hochgereckt knalle ich aufs Eis, ein rasender Schmerz durchzuckt mein linkes Handgelenk und mir wird schwarz vor Augen. „Jonathan, hilf mir!“, bringe ich gerade noch heraus.

Das tut Jonathan dann auch. Halb trägt, halb schleift er mich übers Eis, verfrachtet mich und die erschreckten Kinder ins Auto und fährt uns nach Hause, nach Wunneby. Dort bekomme ich einen kalten Umschlag ums Handgelenk.

„Ist sicher nur verstaucht“, mutmaßt Jonathan.

„Nein“, widerspreche ich und beiße die Zähne zusammen. „Das ist gebrochen, so was merkt man!“

Suse bietet freiwillig an, auf Max aufzupassen und das Mittagessen zu kochen, während Jonathan mich nach Schleswig ins Krankenhaus fährt. Das erste, das am Wege liegt, entpuppt sich als Psychiatrische Anstalt. „Woher soll man das denn wissen“, brummt mein Mann. „Hier im Stadtplan steht nur ‚Städtische Klinik‘.“

Das zweite immerhin ist richtig: das Martin-Luther-Krankenhaus.

Das Personal ist sehr hilfsbereit und besteht darauf, mich im Rollstuhl in die Ambulanz zu fahren, obwohl mich meine Beine inzwischen wieder recht gut tragen und nur der Arm höllisch weh tut. Dort warten wir zusammen mit zwei weiteren Unfallopfern.

Der junge Mann, der sich mit Taxifahren sein Studium verdient, ist im Gesicht übel zugerichtet: mehrere Platzwunden und die Nase ist geschwollen und sieht ein bisschen schief aus.

„Haut der einfach zu, als es ans Bezahlen geht! Voll wie 'ne Haubitze und haut einfach zu!“ Er kann es immer noch nicht fassen. „Nie wieder nehme ich einen Betrunkenen mit!“, schwört er und befühlt vorsichtig sein Nasenbein.

Der ältere Landarbeiter, der neben mir auf einer Trage liegt, ist mit dem Bein in die Häckselmaschine seines Treckers geraten, der ganze Unterschenkel ist bis zum Knochen aufgerissen. Mir wird schlecht, wenn ich nur hinsehe. Da bin ich ja noch gut dran mit meinem Arm!

„Ist durch, der Knochen“, äußert der zuständige Arzt nach dem Röntgen knapp. Ich wusste es ja!

Ich bekomme eine Spritze, danach wird das Gelenk gerichtet und eingegipst. Auf der Rückfahrt bin ich gelassen und heiter und der Arm tut auch gar nicht mehr weh.

„Arme Mama“, sagt Mäxchen dennoch und streichelt meinen Gipsverband. Das Mittagessen ist fertig: Schweineschnitzel mit Kartoffeln und Salat.

„Die schmecken nicht“, sagt Max und schiebt die Kartoffeln an den Rand seines Tellers.

„Da fehlt das Salz“, stellt Jonathan fest.

„Ach, Suse hat die Kartoffeln nur auf die englische Art gekocht“, tröste ich meine Große. „In England isst man sie jeden Tag so, da werden wir das wohl auch einmal können!“

Suse lächelt dankbar, ich lächle zurück. Doch das Lächeln vergeht mir, als die Wirkung der Spritze nachlässt.

Die ganze Nacht wälze ich mich stöhnend von einer Seite auf die andere, den Arm nach ärztlicher Anweisung hübsch hochgereckt, und weiß nicht, wie ich liegen soll, weil er immer im Weg ist. Auch die Fahrt zurück nach Hamburg am nächsten Tag ist eine ziemliche Strapaze.

Zu Hause will Jonathan meine Schwiegereltern telefonisch von meinem Unfall informieren. Seine Mutter ist am Apparat. „Nein, Mama", höre ich ihn sagen, „wir finden es keineswegs langweilig in Wunneby. Natürlich kennen wir inzwischen die Gegend. Was? Nein, nein, es gibt trotzdem immer wieder etwas Neues für uns. Diesmal haben wir uns das Martin-Luther-Krankenhaus angesehen, von innen." Pause. „Nur ein kleiner Unfall, Mutter. Nein, nicht Max. Marie hat sich den Arm gebrochen, beim Schlittschuhlaufen. Gott sei Dank nur den linken!"

Ich kann mir lebhaft vorstellen, was Schwiegermutter jetzt sagt:

„Armer Jonathan! Nun musst du dich wochenlang auch noch um den Haushalt kümmern. Warum muss deine Frau auch aufs Eis gehen! Sie sollte wirklich vernünftiger sein. Schließlich hat sie eine Verantwortung euch gegenüber als Ehefrau und Mutter!"

Für Schwiegermutter bin ich in solchen Fällen immer nur „Jonathans Frau", nie Marie.

Jonathan hilft mir, wo er nur kann: beim Kartoffelschälen zum Beispiel und beim Zubinden meiner Schuhe, denn das schaffe ich nicht mit einer Hand. Er übernimmt auch den Einkauf, weil ich mit meinem Gipsarm nicht Auto fahren kann. Zwar leben wir jetzt etwas teurer, weil mein Mann nicht so genau weiß wie ich, wo man was preiswert bekommt, aber ich bin ihm dennoch sehr dankbar.

Der Winter hat für mich nur noch wenig Reiz, denn das Einzige, was ich tun kann, ist spazieren gehen. Unternehmungen wie rodeln, Schneemann bauen und Schlittschuh laufen, was Max ohne meine Hilfe inzwischen perfekt kann, übernimmt Jonathan. Ich sitze derweil zu Hause und erledige alle „Briefschulden", denn Schreiben kann man auch mit einer Hand. Zum Glück braucht man beide Hände zum Kelleraufräumen, so dass ich dies in diesem Jahr nicht machen muss.

Anfang März kommt der Gips ab, und ich starre entsetzt auf das weiße magere Gebilde, das leicht gekrümmt und kraftlos wie ein lahmer Vogelflügel unterhalb des Ellenbogens hängt und mein linker Unterarm sein soll.

„Das wird schon wieder", meint der Chirurg. „Sie müssen nur fleißig Krankengymnastik betreiben, sonst bleibt das Gelenk steif!"

Mir bleibt nichts anderes übrig, als mich nach einer Krankengymnastin in Schleswig zu erkundigen, denn Jonathan hat zu den Frühjahrsferien zwei Wochen Urlaub, und den wollen wir wieder in Wunneby verbringen.

„Was, dreimal die Woche musst du zu dieser Frau Jasper-Weichert in die Praxis?"

„Jepsen-Wiechmann", verbessere ich. „Und wenn es geht, nicht drei-, sondern viermal!"

„Das sind ja schöne Aussichten", brummt mein Mann, der alle geplanten Ausflüge ins Wasser fallen sieht. Das fallen sie dann auch tatsächlich. Weniger wegen Frau Jepsen-Wiechmann, sondern weil es vierzehn Tage lang fast pausenlos regnet.

Frau Wiechmann bemüht sich sehr, mein Handgelenk wieder funktionsfähig zu machen: Jedes Mal habe ich das Gefühl, als würde sie es erneut brechen, so knetet und biegt sie daran mit Brachialgewalt herum.

Auch die muntere Bemerkung: „Wir machen Fortschritte, Sie müssen nur zu Hause immer hübsch üben!", tröstet mich kaum. Das Einzige, was mich die fast täglichen Besuche bei Frau Wiechmann ertragen lässt, ist die Gewissheit, dass ich während dieser Zeit Berti nicht ertragen muss.

Denn natürlich hat sich Berti bei uns eingefunden, kaum dass wir vorgefahren waren. Und wegen des schlechten Wetters müssen die beiden Jungen meist drinnen spielen – bei uns natürlich, nicht bei Blaschkes, denn Frau Blaschke hat ständig Migräne und kann die beiden nicht um sich haben. Ob mein Mann sie um sich haben kann, interessiert sie nicht.

Während ich also unter Frau Jepsen-Wiechmanns geübten Handgriffen leide, leidet Jonathan unter Berti. Da habe ich fast den besseren Teil erwischt!

Auch Suse hat es restlos satt: Weil mein Handgelenk so traktiert wird und ich so viel außer Haus bin, muss sie einen Großteil meiner Pflichten übernehmen: Abwaschen, Kartoffelschälen, Staubsaugen. Zudem teilt sie die Abneigung ihres Vaters gegen Berti und der ewige Regen verbessert ihre Stimmung auch nicht.

„Britta ist auf Ibiza und wir sitzen bloß immer in diesem Kaff", mault sie.

„Wunneby ist kein Kaff", weist Jonathan Suse zurecht. „Ich gebe ja zu, dass das Wetter nicht doll ist und du mehr Arbeit hast als sonst, aber trotzdem geht es uns doch gut und wir haben allen Grund, dankbar zu sein.“ Suse sieht das ein bisschen anders, aber vorsichtshalber widerspricht sie ihrem Vater nicht.

„Ich habe mir gedacht, wo du Mama so lieb entlastest, hast du auch eine kleine Belohnung verdient“, fährt er fort. „Was hältst du von ein paar Reitstunden in der Reithalle von Kosel?“

Suse strahlt: Davon hält sie eine Menge! „Du bist super, Paps!“

„Na ja, eigentlich hast du es Mama zu verdanken“, räumt Jonathan ein. Im Gespräch mit einer anderen Patientin von Frau Jepsen-Wiechmann habe ich von dem Reitstall auf der anderen Schleiseite erfahren.

So wird es doch noch ein schöner Urlaub, zumindest für die Kinder: dank Berti für Max und dank Cindy, einer hübschen braunen Stute mit weißer Blesse, für Suse.

Nun ist es Susanna, die am liebsten jedes Wochenende herfahren würde.

„Du weißt, dass das nicht geht“, sage ich sanft.

„Dann aber wenigstens in den Maiferien!“, bittet Suse.

Jonathan schüttelt den Kopf. „Tut mir Leid, aber da wird nichts draus. Wesskamps machen im Mai Urlaub, und ich leite den Gottesdienst zum Muttertag, zu Himmelfahrt und Pfingsten. Du wirst bis zu den Sommerferien warten müssen, Susanna.“

„Können wir nicht zwischendurch mal kommen für einen Samstag? Im letzten Jahr haben wir das doch auch gemacht! Im Mai waren wir sogar dreimal oben!“

„Das war auch nicht richtig und so wird es in diesem Jahr nicht sein“, sagt ihr Vater bestimmt. „Ein Winterwochenende und die vierzehn Tage Frühjahrsferien müssen reichen. Freu dich doch auf den Sommer, dann haben wir noch mal drei Wochen Urlaub hier.“

„Und für die fünf Wochen im Jahr haben wir extra ein Haus gekauft. Ist doch Schwachsinn!“

„Denk an die Auflagen in Tante Elses Testament“, erinnere ich unsere Große. „Was hätten wir denn sonst mit dem Geld machen sollen? Außerdem überlassen wir das Häuschen dem Leitungsteam des Jüngeren Jugendkreises für eine Wochenendfreizeit im April und der Bläserchor will sich am letzten Maiwochenende dort treffen und im Garten zelten.“

Suse stutzt. „Da sind doch Riesenhubers da, oder?“

„Ja, wir haben Andreas und seine Mannen schon vorgewarnt, aber er meinte, ein bisschen Lärm würde sie nicht stören: Mit den Posaunen und Trompeten könnten sie schon dagegenhalten.“

„Na, da werden sich Riesenhubers aber freuen!“ Suse grient. „Ihre Jazz-Combo können sie sich dann sparen. Wie die wohl ‚Großer Gott, wir loben dich‘ auf den Blasinstrumenten finden werden?“

Klar zur Wende?

Wieder steht ein Sommer an, unser zweiter Sommer an der Schlei mit Baden, Surfen und Paddeln. Doch diesmal soll als Wassersport das Segeln hinzukommen: Jonathan meint, sich nun endlich ein Segelboot leisten zu können, wenn auch nur ein gebrauchtes.

Erneut ist er im Inseratteil unserer Zeitung fündig geworden.

„Hier, hör mal, Marie: ‚Jolle, Big Gipsy, stabiles Familienboot, Baujahr 95, neuwertig, mit Trailer und Zubehör zu verkaufen'. Das klingt doch gut, nicht?"

„Wie viel?", frage ich.

„Dreitausend. Das ist fast geschenkt!" Jonathan schlägt den Katalog mit den Bootspreisen auf, den er sich besorgt hat. „Neu kostet ein Segelboot dieser Kategorie fast sechstausend Mark."

Das überzeugt auch mich.

So sind wir vier Tage später stolze Besitzer einer knallgelben Jolle mit dem Namen ‚Waterküken'. Das Zubehör entpuppt sich als Außenbordmotor – 1,3 PS – sowie zwei Schwimmwesten. Zwei weitere Westen in den passenden Kindergrößen kaufe ich im Fachhandel dazu, denn ein Familienboot soll natürlich auch von der ganzen Familie genutzt werden. Jonathan hat in seinen jungen Jahren den A-Schein erworben, eine Art Führerschein für Segelboote. Er ist jetzt unser Skipper.

Am ersten Urlaubstag im Juli bringen wir das ‚Waterküken' nach Wunneby, wo Jonathan beim Segelverein einen Liegeplatz direkt am Strandweg gemietet hat. Er ist nun auch Mitglied des Segelvereins, aber der Jahresbeitrag sei nicht der Rede wert, wie er glaubhaft versichert.

Zu viert stehen wir um unser leuchtend gelbes Boot herum und finden es sehr schön. Doch offenbar finden andere das auch, besonders die Rapskäfer, die alles Gelbe für Raps halten und von dieser Farbe magisch angezogen werden.

„Igitt, das ist ja eklig! Da steige ich nicht ein, solange diese schwarzen Viecher hier rumwimmeln!", erklärt Susanna.

Also muss das Boot erst gestrichen werden, ehe wir es zu Wasser lassen. Ich bin für blau, Suse für pink, Max für rot, Jonathan erwägt eine Kombination dieser Farben, um es jedem von uns recht zu machen, und streicht es dann weiß, weil weißer Bootslack am billigsten ist.

„Voilá, da habt ihr die ‚Möwe'!"

Mit dem letzten Pinselstrich aus einer Restdose dunkelblauer Farbe erhält unser Boot seinen neuen Namen.

Jonathan kann es gar nicht erwarten, mit der ‚Möwe' loszusegeln. Wir schlüpfen in Jeans und Pullover, ziehen darüber unsere Öljacken an und zwängen uns zu guter Letzt in die Schwimmwesten. Ich habe das Gefühl, kaum noch Luft zu bekommen.

„Schwimmwesten müssen eng sitzen", behauptet Jonathan und beginnt mit dem Segelsetzen. Er bemüht sich zwar, uns in die Kunst einzuweihen, die er natürlich beherrscht, aber ich begreife höchstens die Hälfte. Großsegel, Fock, Fockschot, Verklicker – mir schwirrt der Kopf und irgendetwas mache ich grundsätzlich falsch.

„Nein, Marie, die Schoten werden am Schotkorn angeschäkelt und vor dem Mast zu den Holepunkten geführt – nicht dahinter!“

Aha.

Nach über einer Stunde sind wir soweit, dass wir in See stechen können. Doch irgendwie klappt der Start nicht so recht. Ich springe zwar auf Kommando ins Boot, in dem schon Suse und Max kauern, und ziehe auch an der Fockschot, wie Jonathan mir das gezeigt hat, dennoch kommen wir nicht vom Strand weg.

„Da muss das Schwert klemmen!“

Ich habe nicht einmal gewusst, dass Segelboote ein Schwert haben.

Jonathan müht sich, besagtes Schwert freizubekommen.

„So, ich glaube, jetzt müsste es gehen.“

Es geht nicht.

Ich überlege, ob das Ganze nicht ein Fehlkauf war, Suse findet es ausgesprochen peinlich, dass wir immer wieder an Land gespült werden, wo sich inzwischen eine ganze Reihe mehr oder weniger fachkundiger Zuschauer eingefunden hat, und Max langweilt sich. Nur ihr Vater arbeitet verbissen.

„Können wir nicht mit Hilfe des Motors starten?“ Jonathan wirft mir einen grimmigen Blick zu. „Echte Segler segeln, Motoren sind nur für Notfälle da“, antwortet er knapp.

Nun könnte man natürlich darüber diskutieren, was ein Notfall ist und was nicht. Ich sehe Suse förmlich an, dass ihre Not immer größer wird, und bin deshalb sehr froh, als das Schwert sich endlich löst und wir doch noch – wenn auch mit erheblicher Verspätung – unsere Segelpremiere starten.

Jonathan sitzt im Heck an der Pinne, Suse und ich bedienen abwechselnd die Fock, das heißt, wir wechseln die Fockschot von links nach rechts, sobald unser Steuermann das Kommando gibt.

„Klar zur Wende?"

„Alles klar!"

„Re!"

Der Baum schwingt herum, Suse oder ich müssen den Kopf einziehen, je nachdem, wer die Fockschot übernimmt, und sich dann möglichst weit aus dem Boot hinauslehnen, um die Schräglage auszugleichen oder „das Boot auszureiten", wie Jonathan sich fachmännisch ausdrückt. Nur Mäxchen ist arbeitslos. Er hockt im Bug und darf sich nicht bewegen, damit er nicht über Bord geht.

„Das ist doof", mault er. Es tröstet ihn auch kein bisschen, dass er vom Käpt'n offiziell zum Ballast erklärt wird. Wenn man sich als Ballast nicht bewegen darf, will er kein Ballast sein. Wir kreuzen ein bisschen vor der Halbinsel Kielfoot umher, bis uns der Hunger wieder heimwärts treibt.

Die Landung am Strand klappt zu Suses Erleichterung bedeutend besser als der Start, nur dass mir beim Aussteigen doch noch der herumschwingende Baum an den Kopf knallt. Aber das war natürlich meine Schuld und nicht die des Mastes, warum passe ich nicht besser auf?

„Das war für den Anfang doch schon ganz schön", sagt Jonathan und sieht sehr zufrieden aus. „Wenn der Wind richtig ist, können wir nach Herzenslust die ganze Schlei rauf- und runtersegeln!"

Können, aber nicht müssen, denke ich und entledige mich der einengenden Schwimmweste. Ich bin eigentlich lieber in der Schlei als auf ihr.

Doch dann bleibt uns gar nicht viel anderes übrig als zu segeln, denn baden können wir in der zweiten Ferienhälfte nicht mehr: Laut Bekanntmachung auf einer großen Tafel am Strand ist die Schlei infolge des warmen Wetters umgeschlagen, der erlaubte Grenzwert an Kolibakterien ist erheblich überschritten, das Baden somit bis auf weiteres verboten.

„Wie gut, dass wir die ‚Möwe' haben!", freut sich Jonathan. Ich gehe schnurstracks zum „Hansen" und kaufe für Max eine Wasserpistole, auch wenn sein Vater grundsätzlich gegen Waffen als Spielzeug ist. In diesem Fall muss er eine Ausnahme machen: Irgendetwas muss Mäxchen im Boot tun dürfen, nur Ballast zu sein, können wir von dem Kleinen nicht verlangen.

„Gut, aber er darf nur auf Bojen schießen, nicht auf Möwen oder andere Boote."

Außerdem bastelt Jonathan seinem Sohn eine Angel, die er ins Wasser halten darf.

Nach mehreren kurzen Segelmanövern auf der Großen Breite erklärt unser Skipper seine Mannschaft für segeltauglich.

„Morgen machen wir eine größere Tour: Wir segeln durch die Enge bei Missunde und von dort nach Bohnert. Da gibt es ein nettes Lokal im Jachthafen, wo wir zu Mittag essen können. Herr Jung, der Vorsitzende des Segelvereins, hat es mir wärmstens empfohlen."

Diese Idee gefällt mir, dann brauche ich nicht zu kochen.

Frohen Mutes wandern wir also am nächsten Vormittag um zehn zum Strand – mit Schwimmwesten, Wasserpistole und Angel. Leider ist das Wetter nicht mehr so gut wie in den letzten Tagen. Aber wenn mein Mann sich etwas in den Kopf gesetzt hat, ist er davon nur schwer wieder abzubringen: Es müsste schon stürmen oder völlige Flaute herrschen, damit er unseren ersten größeren Segelausflug verschiebt.

Also werkeln wir wieder eifrig um die Segel zu setzen. Obwohl Suse und ich inzwischen einiges dazugelernt haben und sogar einen Pahlstek knüpfen können, dauert es wie am Anfang rund eine halbe Stunde, bis wir startklar sind.

Ich bringe den Trailer zum Liegeplatz zurück, hole ein letztes Mal tief Luft und schließe meine Panzerjacke, sprich: Schwimmweste. Wir schieben das Boot ins Wasser, klettern hinein – und haben die gleichen Schwierigkeiten wie beim ersten Mal: Das Schwert klemmt.

„Mist!“

Jonathan müht sich vergeblich, das Schwert freizubekommen, wird dabei aber bis auf die Haut nass.

„Das wird so nichts“, äußert er schließlich. „Wir müssen das Boot ganz aus dem Wasser bringen, dann versuche ich es noch mal. Aber vorher ziehe ich mich um.“

Wir stehen frierend am Strand und warten, bis er vom Ferienhaus zurückkommt, diesmal im Surfanzug. Der Himmel hat sich zusehends bewölkt, mittlerweile ist es schon elf, aber aufgeben kommt nicht in Frage.

„Ihr müsst das Boot in Schräglage halten, damit ich an das Schwert rankomme!“

Wir halten geduldig und endlich ist das Schwert frei.

„Meinst du denn, wir schaffen es bis zum Mittag noch bis nach Bohnert?“, frage ich zweifelnd.

„Aber klar“, beruhigt mich Jonathan. „Sollst mal sehen, wie viel Fahrt wir gleich machen.“

Nach den zeitraubenden Anfangsschwierigkeiten – zum Glück diesmal ohne Zuschauer, wahrscheinlich wegen des unfreundlichen Wetters – geht es wirklich zügig voran. Es ist allerdings ein ziemlich nasses Vergnügen, denn so manche Bugwelle schwappt über die Vorschoter: Suse und mich.

Schließlich überlasse ich es Suse, die Fock zu bedienen und hocke mich mit Mäxchen auf den Boden des Bootes. Wir versuchen, uns gegenseitig zu wärmen – mit mäßigem Erfolg.

„Nun sind wir beide Ballast, nicht, Mama?!“

Ich nicke stumm und wische mir das Wasser aus dem Gesicht. In der Missunder Enge ist es dann plötzlich fast windstill, wir werden nicht mehr nass, kommen aber auch kaum noch voran. Ich schaue auf meine Armbanduhr.

„Wollen wir nicht lieber im Missunder Fährhaus essen?“

Jonathan schüttelt den Kopf. „In der Enge herrscht fast immer Flaute, wenn wir das erst geschafft haben, kommen wir wieder auf mehr Knoten. Meinetwegen kann ich ja den Motor anstellen, wenn es euch zu langsam geht.“

Er zerrt an der Reißleine, der Motor springt an, um gleich darauf wieder auszugehen. Jonathan zieht ein ums andere Mal, aber mehr als ein kurzes Anspringen, das gleich darauf in einem Röcheln erstirbt, kann er dem Motor nicht entlocken.

„Abgesoffen", urteilt Mäxchen fachkundig.

Also müssen wir mühsam kreuzen, bis wir die windlose Enge hinter uns gebracht haben. Wie heißt es doch so schön? Segeln ist die teuerste, unbequemste und langwierigste Art der Fortbewegung, um von A nach B zu gelangen.

Dem kann ich nur aus vollem Herzen zustimmen! Mit dem Auto wäre ich schon vor Stunden in Bohnert angekommen, selbst mit dem Fahrrad wäre ich wahrscheinlich schon am Ziel, und statt dessen sitze ich hier nass, frierend und hungrig, mit der harten Bootswand im Rücken, und kann nichts tun außer warten. Zu allem Überfluss fängt es jetzt auch noch an zu regnen!

Nur der Gedanke an ein warmes Mittagessen in Bohnert hält mich am Leben. „Und dann bestellen wir uns heißen Kakao", schwärme ich, nachdem ich eine Reihe von Speisen aufgezählt habe, auf die ich großen Appetit hätte. Jonathan an der Pinne stöhnt auf.

„Was ist?", frage ich besorgt. „Ist etwas mit dem Ruder nicht in Ordnung?"

„Nein, nein, das Boot ist okay. Nur –"

„Nur was?"

„Reg dich bitte nicht auf, Marie! Ich hab doch vorhin meinen Surfanzug angezogen –" Jonathan zögert.

„Ja und?"

„Und mein Geld steckt in meiner Jeans", vollendet er seinen Satz.

„Oh, nein!" Das gibt mir den Rest.

„Nicht weinen, Mama", sagt Max und streichelt mit einer nassen kalten Hand meine ebenso nasse kalte Wange. Suse bietet mir ihren Platz als Vorschoter an: „Dann wird dir wärmer, wenn du immer von der einen auf die andere Seite wechseln musst!"

Jonathan nimmt es mit Humor: „Wir sagen erst nach dem Essen, dass wir kein Geld dabei haben", schlägt er augenzwinkernd vor. „Notfalls müssen wir dann abwaschen. Oder wir lassen ein Pfand da: deinen Ehering oder Max. Nein, im Ernst: Ich bin sicher, wir kriegen Kredit. Ich brauche doch nur zu erwähnen, dass ich Pastor bin, da wird man mir schon glauben, dass ich später bezahle."

Wenn ich mir meinen Mann so betrachte, der normalerweise einen durchaus seriösen Eindruck macht, wie er jetzt da in seinem Surfanzug mit nassem, strubbeligem Haar an der Pinne sitzt, kommen mir doch erhebliche Zweifel an seiner Glaubwürdigkeit. Aber vielleicht läßt sich der Wirt durch den Anblick der verfrorenen Kinder erweichen, uns eine warme Mahlzeit zu geben?

Um halb drei legen wir endlich in Bohnert an. Jonathan vertäut die ‚Möwe' am Landesteg, wir pellen uns aus den Schwimmwesten und betreten ziemlich kläglich die Gaststube, die um diese Zeit völlig leer ist. Der Wirt erscheint und fragt nach unseren Wünschen.

„Wir würden gern etwas Warmes essen und trinken", beginnt Jonathan. Dann gesteht er, dass wir leider weder über Bargeld, noch über Kreditkarten verfügen und erklärt die näheren Umstände, die uns in diese unangenehme Lage gebracht haben: das klemmende Schwert, der taschenlose Surfanzug und das Geld in der falschen Hose. Er gibt Namen, Adresse und Beruf an und verspricht hoch und heilig, heute Abend mit dem Auto vorbeizukommen und die Rechnung zu begleichen.

Wir bekommen unser warmes Essen und den ersehnten heißen Kakao! Wir dürfen sogar unsere nassen Sachen zum Trocknen auf die Heizung legen, die extra für uns angestellt wird.

„Es ist doch gut, Pastor zu sein", sagt Jonathan. „Auch wenn die meisten Leute in einer Großstadt nicht viel von diesem Beruf halten." Ich nicke und bewege meine Zehen, in die langsam Leben zurückkehrt.

„Ja, Papa", stimmt Suse zu, die neuerdings ihre Leidenschaft für Donald-Duck-Hefte entdeckt hat. „Aber Onkel Dagobert, die geizigste Ente von Entenhausen, hättest du nicht dazu gebracht, uns ohne Bezahlung ein Mittagessen zu servieren!"

Am liebsten würde ich den ganzen Nachmittag hier sitzen bleiben, gesättigt vor der Heizung, die Hände um den warmen Kakaobecher gelegt. Aber irgendwann müssen wir wieder in die klammen Klamotten steigen und uns auf den Rückweg machen.

„Bis heute Abend dann", verabschiedet sich Jonathan.

„Ist gut, Herr Paster."

Es ist gar nicht so einfach, mit der ‚Möwe' vom Landungssteg wegzukommen, ohne dabei die anderen hier liegenden Boote zu rammen. Aber schließlich gelingt es.

Nun müssen wir nur noch zurücksegeln. „Nur" ist

allerdings ein dehnbarer Begriff. Denn hatten wir den Wind auf der Herfahrt von achtern, so kommt er nun von vorn und wir müssen ständig kreuzen, um überhaupt voranzukommen – im Schneckentempo, wie mir scheint. Nach drei Stunden passieren wir die Missunder Enge und ich habe die Nase restlos voll. „Du setzt mich hier an Land", verlange ich von Jonathan. „Ich gehe zu Fuß nach Hause!"

„Ich auch, Mama!", ruft Max.

Nur Suse harrt bei ihrem Vater aus, um weiter die Fock zu bedienen. Tapferes Mädchen!

Rumms, bohrt sich der Bug der ‚Möwe' in den Gummiwulst des Piers. Ich klettere an Land, nehme Max an die Hand und stiefele los, ohne Schiff und Restmannschaft eines weiteren Blickes zu würdigen. Das Thema Segeln ist für mich ein für alle Mal erledigt.

Nicht so für Jonathan. Er entwickelt geradezu eine Vorliebe für diesen Sport. Manchmal nimmt er Suse mit, meistens segelt er jedoch allein.

„Ich gebe ja zu, Marie, dass unser Ausflug nach Bohnert kein voller Erfolg war. Aber heute scheint die Sonne, es ist warm, der Wind weht in genau der richtigen Stärke – willst du nicht doch mitkommen nach Stexwik?"

Ich will nicht. Lieber spiele ich mit Max Fußball im Garten oder ertrage Berti. Außerdem dürfen wir jetzt wieder in der Schlei schwimmen, das Badeverbot ist aufgehoben. Was soll ich also stundenlang in der ‚Möwe' hocken?

„Du findest sicher anderen Ballast", gebe ich zurück.

Es versetzt mir dann aber doch einen kleinen Stich,

als ich sehe, dass Jonathan eine junge sportliche Rheinländerin zum Mitsegeln einlädt, die hier Urlaub macht und die mein Mann beim Surfen kennen gelernt hat. Das habe ich nun davon!

Im August – die Ferien sind zu Ende und wir wieder in Hamburg –, schwenkt Jonathan begeistert einen Brief vor meiner Nase. Es ist die Einladung des Segelvereins zu einer Regatta am ersten Septembersamstag.

„Aber Schatz“, sage ich, „da sind wir doch zu dem Festessen bei Segebrechts eingeladen! Du weißt doch: ‚Vierzig Jahre Dosenfutter für den Hund – und er bleibt fröhlich und gesund!‘“

Segebrechts haben neben uns gewohnt, bevor sie – durch die steigende Produktion ihrer Hundefutter-Firma wohlhabend geworden – in eine hochherrschaftliche Villa nach Blankenese gezogen sind, eine der teuersten Wohngegenden Hamburgs.

Ich krame die gedruckte Doppelkarte hervor, die auch die Speisenfolge enthält.

„Sommerliche Salate mit Graved Lachs und Scarbsauce – Perlhuhnessenz mit Trüffelklößchen“, lese ich vor. „Als Hauptgericht: Hirschfilet mit Amarettokirschen, Böhnchen, Waldpilze, Birnenkartoffeln. Und als Dessert Zwetschgendatschi mit Walnusskrokanteis. Und das willst du dir entgehen lassen?“

„Regatta ist Regatta“, erklärt Jonathan nachdrücklich.

Seufzend hole ich mein bestes Briefpapier heraus, um eine bedauernde Absage an Segebrechts zu schreiben. Das paillettenbestickte schwarze Abendkleid im Schaufenster von ‚Peek und Cloppenburg‘, ein reduziertes Einzelstück, mit dem ich insgeheim geliebäugelt habe, wird nun dort bleiben. Denn zum Segeln kann ich es kaum tragen. Aber was braucht eine Pastorenfrau auch ein paillettenbesticktes Abendkleid!

Jonathan ficht das alles sowieso nicht an. Er strahlt, als er den Wetterbericht für den vierten September hört. „Temperaturen um zwanzig Grad, mäßiger Wind aus nordwestlicher Richtung: Das ist ideales Segelwetter!"

Pünktlich um zehn finden wir uns am Strand ein. Herr Jung, der Vorsitzende des Segelvereins, ist da und noch zwei weitere Herren mit ihrer „Mannschaft". Insgesamt starten also vier Boote – inklusive unserer Möwe – zur „Regatta".

„Die anderen Mitglieder des Segelvereins konnten nicht", erklärt Herr Jung fröhlich. „Da bleiben wir diesmal im kleinen Kreis. Ich starte außer Konkurrenz, weil das Großfall kaputt ist und ich unter Motor fahren muss."

Aha, also nur drei Boote. Und dafür habe ich auf Festessen und Abendkleid verzichtet!

„Ziel unserer Wettfahrt ist Bohnert", fährt Herr Jung fort und verteilt die Zettel mit den Rallyeaufgaben, die unterwegs gelöst werden sollen.

Bohnert?

„Weißt du was", sage ich zu Jonathan, „ich glaube, das schaffst du auch mit Suse allein! Ich bleibe hier, und wie ich Max kenne, hält der auch nicht viel davon, den ganzen Tag nur Ballast zu sein. Dritte werdet ihr ja in jedem Fall – eine Urkunde oder Medaille oder was immer es zu gewinnen gibt, ist dir also sicher. Mast- und Schotbruch, mein Lieber!"

Unser kleines Paradies

Unser drittes Jahr in Wunneby bricht an: Am schönsten ist es im Mai und Juni, wenn der Raps blüht und wir die Sandbucht noch fast ganz für uns allein haben, und natürlich in den Sommerferien, wo der Wassersport ganz groß geschrieben wird. Nur die Flohmärkte, über die ich gar zu gern bummle und von denen es in Hamburg gerade im Sommer eine ganze Reihe gibt, vermisse ich in Wunneby.

So bin ich freudig überrascht, als ich auf einem Aushang beim Bäcker lese, dass am kommenden Sonnabend auf der Wiese hinter dem Spritzenhaus ein großer Flohmarkt stattfinden soll. Beginn: neun Uhr. Nun weiß ich aus Erfahrung, dass man sich mindestens eine Stunde früher einfinden muss, wenn die Flohmarkthändler gerade ihre Stände aufbauen, will man gute Stücke ergattern und Gedränge vermeiden. Zum offiziellen Flohmarktbeginn ist das Beste schon weg, und es wird zunehmend voller.

Also überlasse ich meine Familie kurz vor acht sich selbst und fahre zum Spritzenplatz: gähnende Leere. Bis Viertel nach acht spaziere ich auf und ab, aber niemand erscheint. Ob ich mich im Datum geirrt habe? Aber nein, der Aushang beim Bäcker beweist, dass der Flohmarkt für heute angekündigt ist. Nun, vielleicht sieht die Landbevölkerung das alles nicht so verbissen wie wir Großstädter und kommt erst selbst gegen neun, um ihre Tapeziertische aufzubauen und darauf ihre Schätze auszubreiten.

Ich kehre deshalb nach Hause zurück und mache mich kurz nach neun zum zweiten Mal auf den Weg. Ja, diesmal parken einige Autos vor dem Spritzenhaus, und ich sehe eine Familie mit Pamperskartons beladen um die Ecke des Gebäudes verschwinden.

Doch als ich die als Flohmarkt ausgewiesene Fläche erreiche, kann ich es kaum glauben: Da stehen nicht wie auf jedem Hamburger Flohmarkt lange Reihen von Tischen dicht gedrängt, keine Decken sind auf der Wiese ausgebreitet, auf denen Kinder ihr ausrangiertes Spielzeug anbieten, keine Kleiderständer oder Kleinmöbel versperren den Weg – nein, der ganze Flohmarkt besteht aus drei Gartentischen – in Worten: drei! –, die hauptsächlich mit Kinderkleidung, Spielen und Büchern bedeckt sind.

Seufzend betrachte ich den Stapel an Blusen und T-Shirts, die die von mir gesichtete Familie aus ihren Kartons holt, in der Hoffnung, wenigstens ein oder zwei Teile für Max oder Suse zu finden. Aber die Kleidung, die der Größe nach Max passen würde, stammt von einem Mädchen, und ein rosa Kleid oder ein geblümtes Sommerröckchen kann ich Max selbst dann nicht anziehen, wenn es nur eine Mark kostet. Also Fehlanzeige auf der ganzen Linie!

Ich warte noch zehn Minuten, ob etwaige Nachzügler an Verkäufern das Angebot bereichern, was nicht der Fall ist, und fahre enttäuscht wieder nach Hause.

Jonathan freut sich wirklich, dass ich so schnell wieder da bin, kann er doch jetzt surfen oder segeln gehen.

„Wir brauchen doch sowieso nichts – und wenn, kannst du es bequem in jedem Laden kaufen“, meint er. Meine Leidenschaft für Flohmärkte versteht er genauso wenig wie ich die seine fürs Segeln.

Es zeigt sich, dass der Wind zum Segeln heute zu stark ist. Erst gegen achtzehn Uhr flaut er ab, und Jonathan beschließt, „noch eine kleine Runde" mit der Möwe zu drehen. Wo er doch den ganzen Tag aufs Segeln hat verzichten müssen!

Ich esse um sieben mit den Kindern Abendbrot, erlaube Max, noch eine halbe Stunde zu spielen, ehe er ins Bad marschiert, sehe um acht die Tagesschau, lese Max anschließend seine Gute-Nacht-Geschichte vor, bete mit ihm und setze mich um zwanzig vor neun mit einem guten Buch in meinen Lieblingssessel.

Eigentlich müsste Jonathan bald zurück sein: Berücksichtigt man, dass er für die Wege zum und vom Strand und fürs Segelsetzen und wieder Einholen jeweils gut eine halbe Stunde benötigt, ist er ungefähr anderthalb Stunden auf dem Wasser gewesen - das dürfte für eine „kleine Runde" wohl reichen!

Es wird neun, es wird halb zehn, Jonathan erscheint nicht.

„Ich gehe mal runter zum Strand und schaue nach, ob ich ihn irgendwo entdecken kann", sage ich zu Suse, die mit Fifi auf dem Sofa liegt und Donald-Duck-Hefte liest.

Der Strand ist menschenleer, kaum ein Boot ist auf der Großen Breite unterwegs, die Jollen und Laser des Segelvereins sind alle an ihren Liegeplätzen, nur von der „Möwe" ist nichts zu sehen.

„Ob Papa was passiert ist?", fragt Suse angstvoll, als ich ohne Erfolgsmeldung zurückkehre.

„Das glaube ich nicht", sage ich schnell, obwohl ich

mir jetzt allmählich selbst Sorgen mache. „Du kennst doch deinen Vater: Wenn der erst mal losgesegelt ist, macht ihm das solchen Spaß, dass er kein Ende finden kann."

„Ja, aber es ist gleich zehn!"

„Ich hatte den Eindruck, dass der Wind noch mehr nachgelassen hat. Wahrscheinlich ist Papa in eine Flaute geraten, und es dauert eben, bis er wieder am Strand ist. Du kennst das doch", versuche ich Susanna zu beruhigen. Doch Suse ist nicht davon abzubringen, dass ihr Vater Schiffbruch erlitten hat und dringend unsere Hilfe braucht.

„Komm, wir beten zusammen", schlage ich vor. Das gemeinsame Gebet hilft uns, ruhiger zu werden, bringt uns den verschollenen Skipper aber auch nicht zurück: Um elf ist Jonathan immer noch nicht da, draußen ist es jetzt stockfinster.

„Kannst du nicht irgendwas machen, Mama, außer Beten?", fragt Suse und kaut an den Fingernägeln.

„Und was soll ich deiner Meinung nach tun? Soll ich mit dem Fahrrad über die Abkürzung zur Missunder Enge radeln, um nach Papa Ausschau zu halten, und dann ist er gerade um die Biegung verschwunden und auf dem Weg zum Strand? Oder soll ich von der Telefonzelle in Wunneby die Polizei in Schleswig anrufen, damit die mitten in der Nacht eine große Suchaktion startet, obwohl wir nicht einmal wissen, in welche Richtung er gesegelt ist?"

Suse schluckt. „Na gut, aber dann lass uns wenigstens noch mal ganz doll beten!"

Das tun wir denn auch und uns beiden ist ein wenig leichter ums Herz. Um halb zwölf schlage ich vor, dass Susanna schlafen geht. Aber Suse weigert sich. „Schlafen könnte ich jetzt sowieso nicht!"

Um zwanzig vor zwölf nehme ich eine große Taschenlampe und mache mich noch einmal auf zum Strand. Nach zehn Metern blenden mich auf dem Sandweg die Scheinwerfer eines entgegenkommenden Wagens. Ich trete zur Seite, der Wagen hält, das Seitenfenster wird heruntergekurbelt und ich erkenne Herrn Jung hinter dem Steuer. „Ihr Mann hat gerade bei uns angerufen", teilt er mir mit. „Er hat in Hellör beim Campingplatz angelegt, weil er es wegen der Flaute nicht mehr bis hierher schafft. Ich soll ihn mit dem Wagen abholen."

„Gott sei Dank!", ist alles, was ich sagen kann. Ich vergesse sogar, mich bei Herrn Jung zu bedanken.

Kurz nach Mitternacht wird Jonathan bei uns abgeliefert: hungrig, aber gesund und munter.

„Papa, wir hatten solche Angst!" Suse fällt ihrem Vater um den Hals. „Wir haben den ganzen Abend für dich gebetet."

„Das ist schön, aber ich war zu keiner Zeit in Gefahr. Ihr habt euch ganz unnötig Sorgen gemacht." Jonathan nimmt uns beide in den Arm. „Ihr wisst doch, dass der Zeitfaktor beim Segeln unberechenbar ist: kein Wind, keine Fahrt", erklärt er seine mehrstündige Verspätung. „Ich muss mir unbedingt einen vernünftigen Motor zulegen. Also, die Hinfahrt war herrlich, ich bin fast bis nach Lindaunis gekommen, und dann –"

„Lindaunis?", unterbreche ich. „Aber das liegt ja noch hinter Bohnert! Bis du noch zu retten, nach achtzehn Uhr so weit zu segeln?!"

„Ach, Marie, du kannst dir nicht vorstellen, wie schön es war, in den Sonnenuntergang hineinzusegeln“, schwärmt Jonathan. „Ich hab auch gute Fahrt gemacht, bis der Wind dann gegen neun eingeschlafen ist. Da war nicht mehr viel zu machen. Nun liegt die ‚Möwe‘ in Hellör. Fährst du mich morgen mit dem Auto hin, damit ich zurücksegeln kann? Ach ja, und dann musst du noch in Missunde bei der Wasserschutzpolizei vorbeischauen.“

„Wasserschutzpolizei?“

Nun sieht Jonathan doch ein wenig schuldbewusst aus.

„Die haben mich aufgegabelt und mir ein Bußgeld aufgebrummt, weil ich in der Nacht ohne Licht gesegelt bin ... Was sollte ich machen? Ich hatte ja keine Laterne.“

Ich befreie mich aus Jonathans Umarmung. „Wenn du so spät unbedingt noch so weit segeln musstest, dann hätte dir doch auch klar sein müssen, dass du im Dunkeln zurückmusst! Nein, nein, mein Lieber: Dein Bußgeld bezahlst du gefälligst selbst. Du kommst ja in Missunde vorbei, wenn du hierher segelst. Gute Nacht, du großer Segler – oder vielmehr: Guten Morgen!“

Eine knappe Woche nach Jonathans Segelabenteuer werden wir gegen sieben Uhr morgens aus dem Schlaf gerissen. Vor unserem Terassenfenster beginnt eine große Baumaschine neben dem Haus von Riesenhubers eine Grube auszuheben.

„Was wird das denn?“, fragt Jonathan entgeistert. Es wird ein Carport mit angrenzendem Schuppen, wie wir von den Arbeitern erfahren.

„Müssen die den ausgerechnet an unserer Zaunseite errichten?“, empöre ich mich nicht nur wegen des damit verbundenen Lärms, sondern vor allem, weil ich um unsere Aussicht bange.

„Das wird schon nicht so hoch werden“, hofft Jonathan.

Wir stehen jetzt jeden Morgen früh auf, denn spätestens um sieben rücken drüben die Handwerker an.

„Und so was nennt sich Ferien!“, beklagt sich Suse, die sonst gern bis zehn schläft.

Als die Balkenwände von Carport und Schuppen errichtet werden, stehen wir vor unserem Wohnzimmerfenster und verfolgen jeden Handgriff.

„Siehst du“, sagt Jonathan, „wir können immer noch auf die Schlei schauen.“

„Ja, aber direkt daneben starre ich auf eine Bretterwand!“

„Die pflanzen wir zu: Dann sieht man die Wand vor lauter Bäumen nicht mehr“, tröstet mich Jonathan.

Als die Männer nebenan mit dem Schuppenungetüm fertig sind, verlagern sie ihren Wirkungskreis zu Zieglers: Auch Zieglers haben einen Schuppen in Auftrag gegeben, der doch sehr praktisch ist zum Verstauen der Gartenmöbel, des Rasenmähers und eventueller Fahrräder. „Das darf nicht wahr sein!“

Es ist aber wahr. Der „unverbaubare Schleiblick“ bleibt uns dank der Wiese vor unserem Haus erhalten, aber links und rechts davon ist die Aussicht durch Bretterwände stark beeinträchtigt.

„Ich bin von Schuppen umzingelt!“, jammere ich und sinke aufs Sofa.

„Ach, Marie, das ist doch nicht so schlimm! Es ist

doch immer noch paradiesisch hier: Die Schlei kann uns keiner nehmen, und wenn du die Wiesen und Felder sehen willst, gehst du eben ein kleines Stück den Sandweg hinunter. Am Strand hast du die ganze Große Breite vor dir, von der Anhöhe den herrlichen Blick übers Land ringsum, und wenn du noch mehr Idylle brauchst, steigen wir eben aufs Rad und machen einen kleinen Ausflug!"

Jonathan hat ja Recht. Es ist paradiesisch hier, und wir denken oft voller Dankbarkeit an Tante Else, die uns dies alles ermöglicht hat. Wir sind ganz sicher, dass wir die Erbschaft richtig angelegt haben, denn inzwischen haben nicht nur wir Urlaub in Wunneby genossen, auch verschiedene Gemeindemitglieder haben in unserem Häuschen Ferien gemacht, selbst Wesskamps waren für ein langes Wochenende hier und schwärmten hinterher von ihren idyllischen Ausflügen in die Umgebung.

Natürlich kennen wir jetzt nach drei Jahren alle Wege im Umkreis von zehn Kilometern und sämtliche lohnende Motive sind mindestens ein dutzend Mal fotografiert. Unserer Liebe zu Wunneby tut das keinen Abbruch, im Gegenteil. Wir wissen, wie schön wir es hier haben, und wir freuen uns darauf.

Manchmal fahren wir sogar für einen einzigen Tag hoch, wenn der Stress in Hamburg zu groß war und Jonathan das dringende Bedürfnis packt, wenigstens für einen Samstag alles hinter sich zu lassen.

So geht es ihm auch Anfang September, nachdem er in unserer Gemeinde eine Evangelisation geleitet und im Wechsel mit Karl-Uwe an drei Abenden gepredigt hat.

„Wann können wir denn mal wieder nach oben fahren?", will er wissen.

Ich ziehe den Kalender zu Rate. „Also, am ersten Samstag geht es nicht, da hat Suse ihre Freundinnen zu einer Übernachtungsparty eingeladen", stelle ich fest. „Ich würde die Mädchen ungern allein hier lassen. Am zweiten können wir auch nicht, da hat Max ein Turnier." Zu Mäxchens großer Freude habe ich ihn an seinem siebten Geburtstag in einem Hamburger Fußballverein angemeldet, wo er zweimal wöchentlich mit viel Talent und noch mehr Begeisterung trainiert und alle drei bis vier Wochen mit seiner Mannschaft am Samstag ein Turnier bestreitet. „Und am dritten ist das Seminar über ‚Gesunde Ernährung', für das ich mich angemeldet habe." Also bleibt nur der letzte Septembersamstag. Mein Mann nimmt es seufzend zur Kenntnis. „Gut, dann muss ich mich eben gedulden."

Endlich ist der 25. September da. Leider ist es bewölkt, und je weiter wir nach Norden kommen, umso mehr zieht es sich zu. Bei Neumünster beginnt es leicht zu regnen, und als wir die Autobahn verlassen, regnet es in Strömen. Jonathan sitzt mit traurigem Gesicht hinter dem Lenkrad und sagt kein Wort. Er findet erst die Sprache wieder, als wir vor unserem Häuschen halten: Der riesenhubersche Schuppen erstrahlt in einem leuchtenden Tomatenrot.

Jonathans Ausspruch ist nicht pastorenlike, und ich ermahne Max, sofort zu vergessen, was er eben gehört hat.

„Nimm's leicht, mein Schatz", sage nun ich beruhigend. „Wir wollten die Bretterwand doch sowieso zupflanzen, dann haben wir ein Haus mit unverbaubarem Schlei- und Waldblick!“

Wunneby ist und bleibt doch unser Paradies, aus dem uns nichts vertreiben kann, nicht einmal ein verregneter Samstag, krisenauslösende Nachbarn oder ein tomatenroter Schuppen vor der Terrasse.